AF357966

UNIVERSITÉ DE FRANCE — ACADÉMIE DE NANCY

DROIT ROMAIN

DE L'ADULTÈRE

DROIT FRANÇAIS

LA PROPRIÉTÉ LITTÉRAIRE

EN DROIT INTERNATIONAL

THÈSE POUR LE DOCTORAT

PRÉSENTÉE A LA FACULTÉ DE DROIT DE NANCY

PAR

LÉONCE FLORENTIN

AVOCAT

L'ACTE PUBLIC SUR LES MATIÈRES CI-APRÈS

Sera soutenu le Mercredi 22 Janvier 1890, à 4 heures du soir

Président : M. BLONDEL, professeur

Suffragants { MM. BINET, professeur,
BOURCART, } agrégés.
CHRÉTIEN, }

Le candidat répondra en outre aux questions qui lui seront faites
sur les autres matières de l'enseignement

NANCY
IMPRIMERIE RENÉ VAGNER, 3, RUE DU MANÉGE

FACULTÉ DE DROIT DE NANCY

MM.

LEDERLIN ✳, I 🏆, Doyen, Professeur de Droit romain, autorisé à faire le cours de Pandectes, et Chargé du cours de Droit français étudié dans ses origines féodales et coutumières.

JALABERT ✳, I 🏆, Doyen honoraire.

LOMBARD (Ad.) ✳, I 🏆, Professeur de Droit commercial, et Chargé du cours du Droit des gens.

LIÉGEOIS, I 🏆, Professeur de Droit administratif, et Chargé du cours d'Histoire du Droit.

BLONDEL, I 🏆, Professeur de Code civil, et Chargé du Cours de Droit constitutionnel.

BINET, I 🏆, Professeur de Code civil, et Chargé du cours d'Enregistrement.

LOMBARD (P.), I 🏆, Professeur de Code civil.

GARNIER, I 🏆, Professeur d'Economie politique.

MAY, A 🏆, Professeur de Droit romain.

GARDEIL, A 🏆, Professeur de Droit criminel.

BEAUCHET, A 🏆, Professeur de Procédure civile.

BOURCART, A 🏆, Agrégé, Chargé du cours de Pandectes, autorisé à faire le cours de Droit romain.

GAVET, 🏆, Agrégé, Chargé du cours d'Histoire générale du Droit français public et privé.

CHRÉTIEN 🏆, Agrégé, Chargé du cours de Droit international privé.

LACHASSE, I 🏆, Docteur en droit, Secrétaire.

La Faculté n'entend ni approuver ni désapprouver les opinions particulières du Candidat.

A LA MEMOIRE DE MON PÈRE

A MA MÈRE

L'ADULTÈRE

EN DROIT ROMAIN

A

INTRODUCTION

L'adultère est le délit commis par l'époux qui
viole, par un commerce illicite avec un autre que
son conjoint, la foi conjugale due à ce dernier.
Cette définition, exacte en pure théorie, ne le serait pas pour indiquer ce que les Romains entendaient positivement par *adulterium*. D'une façon
générale, en effet, ce mot ne s'appliquait à l'infidélité conjugale qu'au cas où cette infidélité émanait de la femme mariée. Quant aux relations
coupables d'un homme marié avec une jeune fille
ou une veuve, elles étaient ordinairement quali-
fiées de *stuprum* (1) et n'étaient punies que dans
les cas où le *stuprum* pouvait être lui-même punissable (2). En définitive, l'homme marié ne
commettait un adultère qu'au cas où sa complice
se trouvait être une femme mariée; et même
alors, n'y avait-il *adulterium*, *stricto sensu*, que

(1) *Adulter* et *adultera* dicuntur, quod ille ad alteram et hæc
ad alterum se conferunt. (Festus. liv. i. Ed. Panckoucke, p. 38. —
Stuprum pro turpitudine antiqui dixerunt. — Festus, liv. xvii,
p. 566.

(2) Nous répétons que cette distinction dans les appellations
distinctes réservées à la faute du mari, et à celle de la femme,
n'est qu'approximativement vraie ; si nous en croyons Papinien (L. 6, § 1. Dig., 43, 5.), ces deux mots, bien que n'étant
pas synonymes ont été souvent pris l'un pour l'autre. Nul doute
que dans ces cas, le mot *stuprum* désignait l'impudicité en
général ; c'était **le genre**, l'adultère en était une *espèce*.

par rapport au mari de cette dernière, et non par rapport à sa propre femme.

Variant avec les progrès des temps et de la civilisation, la législation romaine en matière d'adultère a subi bien des transformations depuis la fondation de Rome jusqu'à la chute du Bas-Empire. Afin de mettre plus de clarté dans l'histoire de ces changements durant douze siècles, nous diviserons notre étude en trois grandes périodes :

1° De l'Adultère avant la loi Julia.

2° De l'Adultère sous la loi Julia.

3° De l'Adultère sous les successeurs d'Auguste.

CHAPITRE I.

DE L'ADULTÈRE AVANT LA LOI JULIA.

Aux premiers temps de Rome, la religion (1) et les mœurs réprouvaient l'impudicité. La foi promise était alors généralement respectée, aussi bien dans la vie privée que dans la vie publique (2). Eût-on compris, d'ailleurs, que le peuple romain, qui élevait des temples et des statues à la Pudeur, personnifiée dans la déesse Vesta (3), n'ait pas eu une instinctive horreur de l'idée seule du crime d'adultère? Aussi, ne devaient-ils pas être nombreux, ceux qui, par leurs infidélités domestiques, compromettaient alors l'honneur et le repos de leur foyer.

Quelles étaient, à cette époque, les conséquences légales des atteintes, qui pouvaient se produire, à la fidélité conjugale? `

Est-ce le mari qui s'est rendu coupable d'adultère? — Il ne doit compte à personne de cette faute. « La femme trompée n'oserait pas toucher son mari adultère du bout du doigt, et elle n'en a pas le droit, » s'écriait Caton (4). Aussi, toutes les femmes auraient-elles pu reprendre pour leur compte, contre une telle

(1) Ihering. *L'esprit du droit romain*, T. 1, § 21, indique parfaitement la forte influence qu'avait la religion sur la jeune société romaine.

(2) « Populus romanus omnium (virtutum) maxime atque præcipue *fidem* coluit, sanctamque habuit tam privatim quam publice. » Aulu-Gelle, *Nuits att.* XX, 1, 39.

(3) Valère-Maxime, VI, 1.

(4) Aulu-Gelle, *op. cit.*, X, 23, 5.

absolution légale, ces protestations que nous trouvons exprimées dans une comédie de Plaute :

> « Ecastor, lege dura vivunt mulieres...
> Nam si vir scortum duxit clam uxorem suam
> Id si rescivit, impune est viro (1). »

Il faut évidemment qu'une telle indulgence pour le mari repose sur certains motifs, pour qu'elle ait subsisté jusqu'à nos jours, à moins qu'on ne pose en fait qu'elle doit purement et simplement être attribuée à ce que ce sont les hommes qui font les lois (2). Nous croyons, pour notre part, que si, au point de vue moral, l'adultère de l'homme est tout aussi coupable, et mérite la même flétrissure que celui de la femme, il n'en est pas moins vrai qu'en fait et dans ses conséquences, l'adultère de la femme est d'un danger beaucoup plus grand pour la famille, par suite, plus répréhensible et plus punissable. Il était, en particulier, du plus haut intérêt de la famille antique, tout entière vouée au culte des ancêtres, qu'un sang étranger ne vînt pas couler dans les veines de qui devait sacrifier aux dieux lares ou aux dieux mânes. Peut-être trouverait-on encore une autre explication

---

(1) *Mercator*, act. 4, scène 5, *in princip.*

(2) Comp. Saint Ambroise (livre 1 du patriarche Abraham, chap. 4) : « Que personne ne se flatte de comprendre les lois des hommes. — Tout *stuprum* est adultère, et ce qui n'est pas permis à la femme ne doit pas l'être au mari... Le même châtiment doit être infligé à l'homme et à la femme. » — Et Hieronym. *Epist. ad Oceanum* (vol. 1, p. 72, *Ed. Colon,* 1616) : Aliæ sunt leges Cesarum, aliæ Christi. Apud illos viris impudicitiæ frena laxantur, et solo stupro atque adulterio condemnato passim per lupanaria et ancillulas libido permittitur, quasi culpam dignitas faciat, non voluntas. Apud nos quod non licet feminis, æque non licet viris.

de l'inégalité dans le châtiment réservé à l'homme et à la femme coupables, en pensant à l'infériorité dans laquelle les Anciens tenaient la femme par rapport à l'homme!

Le mari n'était punissable que dans un seul cas: lorsqu'il avait commis son crime avec l'épouse d'autrui. Mais, remarquons-le, ce n'est pas comme adultère qu'il est alors puni : c'est uniquement comme complice du crime commis par la femme qu'il a détournée de ses devoirs.

Quant à la femme adultère, quelles étaient les suites de son acte coupable?

Etait-elle surprise en flagrant délit? — Le mari pouvait immédiatement venger son honneur outragé et lui donner la mort : « *In adulterio, uxorem tuam si deprehendisses, sine judicio impune necares* » (Caton) (1). La même faculté était attribuée au père de famille sur la personne de sa fille, en vertu des droits absolus que lui conférait la puissance paternelle, pourvu que, malgré son mariage, la fille fût restée *filiafamilias* et ne fût pas tombée *in manum mariti* (2). En sens inverse, faut-il dire que le mari perdait ce *jus occidendi*, au cas de mariage libre? Nous

(1) Aulu-Gelle, *op. cit.*, *loc. cit.* Vir, (nisi) quum divortium facit, mulieri judex pro censore est : imperium, quod videtur habet; si quid perverse tetreque factum est a muliere, mulctatur ;... si cum alieno viro probri quid fecit, condemnatur. — En Grèce, la loi de Solon permettait à l'époux outragé de tuer le complice de sa femme surprise en flagrant délit, mais ne lui reconnaissait pas le droit de punir l'épouse coupable. (Dict. des ant. gr. et rom. V° *Adulterium*.)

(2) Rien, *das Criminalrecht der Rœmer*, p. 838. — Cette restriction est commandée par les principes généraux sur l'organisation de la famille romaine.

ne le croyons pas. Ce droit « appartenait au mari comme mari, et résultait par conséquent, non pas de la *manus*, comme on le croit d'ordinaire, mais du mariage lui-même. La femme mariée sans *manus* appartenait en même temps et à son mari et à sa famille ; la puissance paternelle ou tutélaire d'une part, la puissance maritale de l'autre, concouraient sans s'exclure... Les tuteurs n'avaient de droit que sur les biens de la femme, le mari n'avait de droit que sur sa personne... Les puissances maritale et tutélaire occupaient donc des sphères spéciales, et pouvaient se mouvoir librement, sans se heurter (1). »

Le mari et le père pouvaient en même temps se venger comme ils l'entendaient sur le complice surpris avec la femme (2). Mais, obligation introduite par une loi dont on ignore le nom, peut-être par la loi des Douze-Tables elle-même, le mari ou le père, devaient, exerçant leur droit de vengeance, faire périr du même coup les deux coupables et n'épargner aucun d'eux (3).

Lorsqu'il n'y avait pas eu flagrant délit, ce *jus occidendi* disparaissait ; il ne restait plus alors que la ressource d'un jugement régulier. Les anciens Romains avaient pourtant su éviter à l'épouse coupable la flétrissure des débats judiciaires. Ils n'avaient pas

---

(1) Gide. *Etude sur la condition privée de la femme*, 2° éd., p. 116. — Niebuhr. *Histoire romaine*, trad. de Golbéry, t. 1, p. 324. n. 635. — Esmein. *Le délit d'adultère à Rome et la loi Julia de adulteriis*, p. 4.

(2) Martial, liv. II, épig. 60, liv. III, épig. 85. — Quintil. III, 6, 17, 27 ; V, 10, 39, 52, 58. — Plaut. *Mil. glor.* V. 2, sqq. — Horat. *Satyr.* 1, 2, 45.

(3) Quintil. V, 10, 104 ; VII, 1, 6.

voulu livrer à la curiosité maligne et malsaine du public, la honte domestique (1). Et, c'était devant le tribunal de famille que comparaissait la femme adultère. On peut même affirmer, avec toute vraisemblance, qu'à l'origine, le pouvoir du mari était sans limites, et qu'aucune autorité n'avait le droit de modifier les arrêts qu'il lui plaisait de rendre. Petit à petit seulement, les pouvoirs exorbitants du *paterfamilias* diminuèrent, et vinrent se fondre dans ce tribunal domestique, où il tenait la plus grande place et qu'il présidait (2).

Faisaient partie de ce tribunal, les parents de la coupable les plus proches. Encore, faut-il entendre par ce mot *parents*, les parents naturels et ne pas songer à la parenté civile, à *l'agnation*. Que serait-il en effet arrivé, si, pour former ce tribunal, l'on n'avait choisi que les agnats de la femme ? C'est que la femme *in manu*, n'ayant pour agnats que ceux de son mari, puisque la *capitis deminutio* par elle encourue a rompu les liens qui l'unissaient à sa famille naturelle, n'aurait en réalité comparu que devant la famille de son mari. Les parents naturels de la femme, ses cognats, formaient donc ce tribunal domestique (3). « Les juristes modernes, dit

(1) En droit, la femme aurait pu être traduite par un magistrat devant l'assemblée du peuple, le juge ordinaire au criminel ; mais c'est une faculté dont on n'usa guère. Comp. Rein, *op. cit.* p. 835.

(2) Tacite, *Ann.* XIII, 32.

(3) Denys d'Halycarn., II, § 25 « Οἱ συγγενεῖς μετα του ανδρος εδικαζον » — *propinqui*, — Tacite, II, 50, — XIII, 32. — Suet. *Tibère*, 35. — Esmein *op. cit.* p. 5. De Fresquet, *Du tribunal de famille chez les Romains*, Revue historique de Droit français et étranger, 1855, p. 125 et s.

M. Gide (1), ont cherché parfois à déterminer avec précision la composition, la compétence, la procédure du tribunal de famille ; leurs recherches sont restées et devaient rester infructueuses. Cette juridiction, en effet, n'a rien de commun avec les magistratures publiques : elle n'est point réglée par les lois, mais par les mœurs. Sorte de censure domestique, son autorité est toute morale, et son organisation, variable et incertaine, ne dépend que des usages et n'a jamais fait l'objet d'un règlement légal. Aussi ce tribunal se compose-t-il, non pas de la famille légale, des agnats, mais de la famille naturelle, c'est-à-dire des *cognats*, des proches et parfois même des amis. Sa compétence, comme sa composition, échappe à toute règle précise : il intervient dans tous les événements importants de la famille... Il assiste le chef de famille qui juge et punit les fautes de sa femme ou de ses enfants... Le mari, de même que le père (2), ne manquait pas d'appeler au conseil les parents de sa femme, lorsqu'il s'agissait de la juger et de la punir. »

Jamais ce tribunal domestique ne fut dissous par les lois, et plus tard, il continua de fonctionner même à côté des tribunaux publics. Toutefois, sous la République, il se produisit un grand changement : primitivement, le père ou le mari pouvaient seuls traduire

(1) *Op. cit.*, p. 116.
(2) Si la femme n'était pas *in manu*, mais qu'elle fût *filiafamilias*, c'était le père de famille qui assemblait et présidait ce tribunal intime. Que si elle n'était ni *filiafamilias*, ni *in manu*, le jugement domestique était encore possible : c'est en effet, surtout la parenté naturelle qu'il faut considérer. Ce dernier point, toutefois, soulève quelques doutes. — V. Gide, *loc. cit.*, Esmein, *loc. cit.* — Val. Max., II, 3, 8.

la femme devant cette juridiction privée. Vint un moment où l'adultère fut soumis à une accusation publique, « soit que dans la République, une si grande violation des mœurs intéressât le gouvernement, soit que le dérèglement de la femme pût faire soupçonner celui du mari, soit, enfin, que l'on craignît que les honnêtes gens mêmes n'aimassent mieux cacher ce crime que de le punir, l'ignorer que de le venger (1). » L'accusation était donc ouverte à tous, mais comme le tribunal domestique et l'accusation publique supposaient des mœurs, « cela fit que ces deux choses tombèrent avec les mœurs et finirent avec la République (2). »

Quelles peines pouvait prononcer ce tribunal privé ? C'était suivant les cas sur lesquels il était appelé à statuer, tantôt, une simple séparation, jointe ou non à des peines pécuniaires, tantôt d'autres châtiments plus rigoureux. Il pouvait même, si nous en croyons le témoignage formel de Denys d'Halicarnasse (3), condamner à mort la femme adultère. Cette sévérité des temps anciens finit par s'adoucir ; nous n'osons pas dire, avec les progrès de la civilisation, puisque l'abaissement de la peine coïncida avec la plus profonde décadence des mœurs, et la peine généralement usitée finit par être l'exil à 200 milles de Rome (4).

Au lieu de convoquer ce tribunal domestique pour juger sa femme coupable, l'époux offensé avait une

---

(1) Montesquieu, *Esprit des lois*, liv. 7, ch. 10.
(2) Montesquieu. *Op. cit.*, liv. 7, ch. 2.
(3) « Θανατῳ ζήμιουν συνεχώρησεν » — II, 25. »
(4) « Exemplo majorum propinquis suis ultra ducentesimum lapidem removeretur. » — Tacite. *Ann.* II, 50.

autre ressource : la répudier immédiatement sans autre forme de procès. Assez rare dans les premiers temps, le *repudium* fut beaucoup plus fréquent vers la fin de la République. Il finit même par devenir si général et si arbitraire qu'il ne fût plus possible de considérer la répudiation comme une peine. Mais, dans ce cas, il fallait régler le sort de la dot de la femme. Le mari avait-il le droit de la garder par devers lui, ou devait-il la rendre ? — Il semble que la question n'en ait pas été une dans les origines, car « il fut longtemps reçu que la dot était constituée pour toujours et qu'en conséquence elle devait rester au mari ou à ses héritiers de quelque façon que s'opérât la dissolution du mariage (1). » *Dotis causa perpetua est... ita... ut semper apud maritum sit.* — A l'époque classique, le mari pouvait, au moyen de l'action *de moribus*, assigner sa femme devant les tribunaux et se faire attribuer tout ou partie de la dot à titre de peine contre la femme (2). Cette action *de moribus* était une espèce d'action d'injures entre conjoints, et par suite, comme toutes actions *vindictam spirantes*, intransmissible activement et passivement : « nec in hæredem dabitur, nec tribuitur heredi (3). »

L'action *de moribus* paraît être d'une bien moindre utilité, lorsque la femme agissait contre son mari en restitution de dot, par l'action *rei uxoriæ*. Il est d'évi-

---

(1) Accarias. — *Précis de droit romain,* — t. 2, 3ᵉ édit., p. 1045.
(2) Comp. Gaïus. iv. 102 — Loi 5, pr. D. 23-4. *De pact. dot.* — Cf. Rein, *op. cit.* p. 837, note.
(3) Loi I, — Code théod.; 3-13.

dence même en effet, qu'en cas d'adultère de la femme, le juge, usant des larges pouvoirs d'appréciation qu'il possédait dans les actions de bonne foi, absolvait complètement le mari, ou ne lui faisait restituer qu'une partie de la dot. Bientôt d'ailleurs, les *retentiones ex dote* parurent (1). Aussi, l'action *de moribus* n'eut-elle plus de véritable utilité que dans deux cas :

1° Lorsque la restitution de la dot avait été effectuée sans qu'on eût songé à en diminuer le montant pour la faute de la femme.

2° Lorsque la restitution de la dot avait fait l'objet d'une stipulation ; l'action *ex stipulatu* par laquelle la femme réclamait alors sa dot, action de droit strict par excellence, n'admet pas les *retentiones*. « ex sti- « pulatu actio merito secundum sui naturam nullam « accipiat retentionem (2). » Et par conséquent, le mari devra, pour avoir la partie de la dot dont la privation constitue la peine infligée à son épouse adultère, intenter l'action *de moribus*.

Remarquons que, si à l'origine l'adultère du mari n'était pas regardé comme punissable, il vînt un moment, postérieur à l'époque de Plaute (3), mais qu'il est difficile de préciser, où l'inconduite du mari trouva une sanction. Sanction toute civile assurément, puisque jamais la femme ne put agir au criminel contre son

(1) Laissées d'abord à l'arbitraire du juge, les *retentiones* furent ensuite fixées par la loi : la femme était privée, dans la *retentio propter majores mores* (par cette expression, on entendait uniquement l'adultère), du sixième de sa dot, — dans la *retentio propter minores mores*, du huitième. — Ulpien, *Reg.* I, 12 et 13.

(2) Loi 1, § 5 *in fine*, C. V. 13.

(3) *Utinam* lex esset eadem uxori quæ est viro. — *Mercator, loc. cit.*

mari, mais seulement au civil par l'action *de moribus*. Au témoignage d'Ulpien (1), si la dot était de choses, « quæ numero, pondere, mensurave constant », on punissait les *graviores mores* du mari, en le déclarant déchu du bénéfice des termes qui lui étaient impartis pour la restitution d'une telle dot, et on l'obligeait à restituer de suite ; — les *leviores mores*, en l'obligeant à restituer dans les six mois. Si, au contraire, c'étaient des corps certains que devait restituer le mari, il était tenu de payer en plus « quantum in illa « dote, quæ triennio redditur (2). »

Ce que nous venons de dire de cette action civile en adultère contre le mari, resta vrai même sous l'empire de la loi Julia ; nous n'aurons donc plus à y revenir.

Quant au complice de la femme, nous avons dit que le *jus occidendi* du père et du mari s'étendait également à lui. Les magistrats pouvaient aussi, cela ne fait pas de doute, le traduire devant l'assemblée du peuple. M. Esmein va plus loin, et croit que ce droit appartenait au mari lui-même. « Nous croyons, dit-il (3) que, lorsqu'il le surprenait en flagrant délit, le mari pouvait lui-même le conduire devant le magistrat, qui appliquait une peine fixée par la loi ou par l'usage. Cela cadrerait assez bien avec une théorie d'après laquelle, tout criminel, pris sur le fait ou ayant avoué, pouvait être condamné par le préteur, sans qu'un jugement par les comices fût nécessaire. Nous pen-

(1) *Fray. VI*, 13.
(2) Accarias, *op. cit.*, p. 1055, note.
(3) Esmein, *op. cit.* pp. 9 et 10. — V. aussi les autorités citées par cet auteur.

sons qu'il en était ainsi au moins en cas d'adultère. La peine alors, vraisemblablement, était pécuniaire, et l'effet de la sentence était de rendre le condamné *intestabilis*. Pour la faire prononcer, le mari faisait constater par des témoins la présence de l'adultère, qu'il enchaînait fréquemment. »

Nous en avons ainsi fini avec la première période, qui précéda la *Loi Julia*.

CHAPITRE II

LA LOI JULIA.

Vers la fin de la République romaine, le niveau de la moralité s'était de plus en plus abaissé. Le vice avait gagné tous les rangs de la hiérarchie sociale (1), et des patriciens (2) aux plébéiens, c'était à qui prendrait la plus grande part de la démoralisation générale (3). Aussi Auguste comprit-il, à son arrivée au

(1) « La moralité et la vie de famille étaient traitées comme de vieux préjugés dans toutes les classes de la société. » Mommsen — *Histoire romaine*, traduction de Guerle. tom. 7, p. 245.

(2) « On peut juger des idées qui régnaient sur le divorce dans les cercles aristocratiques par la conduite de leur meilleur et de leur plus moral héros, Marcus Caton qui n'hésita pas à se séparer de sa femme à la requête d'un ami qui désirait l'épouser, et à la reprendre lorsque son ami fut mort... — Mommsen, *op. cit.* p. 248.

(3) « A-t-on aujourd'hui la moindre honte de l'adultère ? La chasteté n'est plus aujourd'hui qu'une preuve de laideur. L'adultère quand il se borne à un seul amant, est presque un mariage..... Quelle femme rougit à présent de divorcer depuis que certaines dames illustres ne comptent plus leurs années par le nombre des consuls, mais par le nombre de leurs maris ? Elles divorcent pour se remarier ; elles se marient pour divorcer. On craignait cette infamie alors qu'elle était peu commune ; maintenant que les registres publics sont couverts d'actes de divorce, ce qu'on entendait si souvent répéter on s'est instruit à le faire. » Sénèque, *de beneficiis*, lib. III, c. 16.

pouvoir qu'il fallait réagir contre toutes ces turpitudes, contre l'adultère en particulier, et il voulut réprimer enfin les débordements de ses concitoyens. Mais il eût dû se souvenir, que les mœurs publiques n'étaient honorées que lorsque le chef d'Etat les respectait lui-même, et ne pas sacrifier de son côté à la corruption de son temps par ses mœurs très équivoques. Et pourtant, il ne craignit pas de frapper même dans sa famille, car, après avoir puni pendant leur vie sa fille et sa petite fille coupables d'adultère, il défendit, à leur mort de les ensevelir dans un tombeau. Châtiment terrible chez les Anciens, puisqu'ainsi « on punissait l'âme elle-même, et on lui infligeait un supplice presqu'éternel » (M. Fustel de Coulanges).

En 736, ou au commencement de 737, fut édictée la fameuse loi *Julia de adulteriis coercendis*, destinée à être une digue opposée au torrent du mal, et pour laquelle il reçut les plus vifs éloges de ses contemporains (1). Malheureusement, comme on l'a fort justement dit, en changeant les lois, Auguste n'avait pas le pouvoir de changer les âmes ; cette haute mission ne pouvait être l'œuvre d'un législateur humain. Le christianisme qui bientôt devait s'élever triomphant au milieu des plus terribles obstacles, vint tendre la main à l'humanité dégradée, et la puissance de sa doctrine

---

(1)   « Nulla polluitur casta domus stupris,
Mos et lex maculosum edomuit nefas
Culpam pœna premit comes. »
(Horace — *Odes* liv. IV, 5, 20 et s.)
«.... hic castas, duce se jubet esse maritas »
(Ovide — *Fastes* II, 139).

divine fit plus pour sauver le monde que tout l'arsenal des lois des Césars (1).

Diversement dénommée, à raison des différents objets qu'elle embrasse : *lex Julia de adulteriis, lex Julia de pudicitia, lex Julia de adulteriis coërcendis*, et quelquefois encore, *lex Julia de adulteriis et stupro*, cette loi ne nous est pas parvenue dans son intégrité ; mais les fragments qui en restent en sont assez considérables. Elle est d'une grande importance en la matière, car elle fut le fondement de toutes les lois postérieures. Nous devons donc l'étudier en détail, et nous allons voir successivement dans des sections différentes :

— Les éléments constitutifs de l'adultère, et les autres délits relatifs à ce crime.

— Les prérogatives spéciales que la loi conserve encore au père et au mari sur la femme coupable.

— La procédure suivie dans les procès en adultère, l'action privée du père et du mari, l'action publique.

— Les peines infligées.

SECTION PREMIÉRE.

I. — *Eléments constitutifs du délit d'adultère.* — Conformément aux précédents historiques, et malgré la doctrine stoïcienne alors en cours, et qui réclamait une loi morale égale pour tous, et obligatoire à tous

(1) Sur ce point, voy. entre autres ouvrages : Troplong, *Influence du christianisme sur le droit civil des Romains*, Paris 1843. — Roux-Ferrand, *Histoire des Progrès de la civilisation en Europe*, Paris, 1843, *passim*, et t, 1, p. 297.

Troplong, *op. cit.* démontre avec une grande supériorité de déductions que le christianisme a eu une influence secrète, mais incontestable, sur le droit civil des Romains, avant même que Constantin s'y fût converti officiellement.

les degrés de l'échelle sociale, la loi Julia ne punissait pas l'adultère du mari. *Non habere mulieres adulterii accusationem... lex Julia declarat* (1).

Dans deux circonstances cependant, le mari coupable était puni : lorsqu'il avait commis la faute avec une femme mariée, ou avec une femme non mariée, qui était une *matrona honesta*. Le mari aura commis un *stuprum* (2) dans ce dernier cas, un *adulterium* dans le premier. Mais, remarquons-le bien, si le mari est puni dans ces deux cas, ce n'est point parce qu'il a violé sa foi conjugale. Il est puni comme le serait un célibataire qui aurait fait ce qu'il a fait : c'est comme complice de la femme adultère que la loi le frappe dans le premier cas, et au second cas, c'est moins le crime d'adultère qu'elle punit, que l'outrage fait à la *matrona honesta* : l'honneur des matrones était coté plus haut que celui des autres femmes. Jamais d'ailleurs il n'est permis à l'épouse trahie d'accuser son mari, car « non est permissum mulieri publico judi- « cio (3) quemquam reum facere (4) ».

(1) L. 12, Dig, 48, 5. — LL. 18 et 20, Cod. 9, 9.
(2) L. 1. C. 9, 9.
(3) « La loi *Julia* est une de ces lois des *Judicia publica*, dont la plupart se rattachent aux noms de Sylla, de César et d'Auguste, et qui pour la première fois, donnèrent au droit pénal de Rome une base solide et des règles précises. Pendant longtemps, on le sait, les crimes furent jugés par l'assemblée du peuple, qui statuait directement ou par l'organe de commissaires élus. Les comices votaient sur la peine proposée par le magistrat accusateur, comme ils eussent voté sur un projet de loi, n'ayant pour guide que la coutume ou leur bon plaisir. Les lois des *Judicia publica*, substituant aux comices les *Questiones perpetuæ*, établirent d'une façon précise la définition de chacun des crimes dont devaient connaître les jurés, ainsi que la peine que le préteur devait appliquer en cas de condamnation. » Esmein, *op. cit.* p. 1.
(4) Loi 1, D. 48, 2.

Très large à l'égard du mari, la loi se montrait par contre, très sévère pour la femme. Elle seule devait à son mari une scrupuleuse fidélité ; elle seule était tenue de garder intacte la foi conjugale Qu'elle prenne garde de lui donner un accroc, si léger soit-il ! Elle pourrait s'entendre déclarer coupable de n'importe quel autre crime : « Quam impudicam judicarant, eam ve-« neficii quoque damnatam existimabant (1). » — « Neque fœmina, amissa pudicitia, alia abnuerit (2). »

Pour constituer le délit d'adultère, quatre conditions étaient nécessaires. Il fallait : — que la femme fut mariée, — qu'elle fût libre, — de condition honorable, — enfin que le crime ait été commis de mauvaise foi.

1° — De la première condition, nous aurons peu à dire. Il est bien évident, en effet, que, pour qu'il y ait adultère, c'est-à-dire violation de la foi conjugale, il faut qu'il existe un mariage. Ce qu'il importe de constater, c'est qu'il n'est pas nécessaire que la femme soit *uxor justa*. *L'uxor injusta* (3) elle-même peut être poursuivie pour adultère ; « plane, sive justa uxor « fuit, sive injusta, accusationem instituere (vir) potest... Hæc lex ad omnia matrimonia pertinet (4). »

Il n'est dérogé à cette première condition que dans un seul cas (5) : il est possible d'accuser du crime

(1) Quint. V, II, 39.
(2) Tacite. Ann. IV, 3.
(3) L'*uxor injusta* était la femme épousée par quelqu'un qui n'avait pas le *connubium* avec elle. Telle, par exemple, la pérégrine épousée par un citoyen romain, l'affranchie épousée par un sénateur.
(4) L. 13 §, 1, D. 48, 5. — Adde L. 24, 3, D. ht.
(5) Une deuxième exception apparut avec un rescrit de Sévère ou Antonin qui vint assimiler à l'adultère l'infidélité de la fiancée. — L. 13 § 3 et 8. D. ht.

d'adultère la femme avec laquelle on a commis un inceste, ou celle qui, bien que considérée comme femme légitime, ne jouit pas de ce titre parce qu'elle vit dans une union prohibée, dont le *jus gentium* lui-même ne reconnaît pas la validité (1).

2°. — En second lieu, il faut que la femme soit libre. C'est dire que la Loi Julia, s'appliquant seulement au véritable *matrimonium*, ne s'occupait pas de protéger le mariage des esclaves. Pour ces derniers, en effet, pas de *matrimonium!* Le *contubernium* seul existe. L'humble condition de cette classe malheureuse les rendait indignes de la protection des lois : « Inter liberas tantum personas adulterium stu- « prumve passas lex Julia locum habet (2). » Mais, à défaut de l'accusation d'adultère, on rencontrait diverses actions tendant à réparer le dommage que la violation du *contubernium* de l'esclave avait pu causer au maître : l'action d'injures, l'action de la loi Aquilia, l'action de *servo corrupto* (3).

3°. — La femme doit encore être de condition honorable. Ne tombaient donc pas sous l'application de la loi Julia en règle générale, les femmes déshonnêtes qui n'avaient jamais eu ou avaient perdu le titre de matrones. « Matremfamilias accipere debemus, dit Ulpien, eam quæ non inhoneste vixit (4). » Et,

---

(1) L. 13, § 4. D. ht. — Cf. Rein., *op. cit.*, p. 841, n. 1.
(2) L. 6, § 1. D. ht.
(3) L. 6, § 1. D. ht. — L. 2, § 5. D. 47, 1, *De priv. del.* — L. 25, D. 47, 10, *De injuriis.* — Cette dernière loi nous apprend que la loi Aquilia n'est applicable qu'au cas où il s'agit d'un *stuprum* commis sur une *virgo immaturata.*
(4) L. 46, § 1. D. 50, 16. *De verb. sign.* — V. L. 13, § 1. D. ht.

ajoute-t-il, ce sont les mœurs qui distinguent et sépa-
rent la matrone des autres femmes : aussi, importe-t-
il peu qu'elle soit mariée ou veuve, ingénue ou
affranchie, car ce n'est ni le mariage, ni la naissance
qui fait la matrone, ce sont les bonnes mœurs. Mais
alors, — preuve énergique du degré de corruption
qu'avaient atteint les mœurs publiques, — on vit
nombre de matrones romaines, faire publiquement
métier de prostitution pour échapper aux peines de
l'adultère (1)!

Toutefois, bien que les actrices et les autres femmes
exerçant de petits métiers soient femmes « in quas
stuprum non committitur », elles tombent sous le
coup des peines portées par la *lex Julia*. La loi ne
devait pas, en effet, tolérer qu'elles fussent aussi peu
soucieuses de l'honneur de leur mari que de leur
propre honneur.

Mais, conformément à l'exigence de notre troisième
condition, n'étaient pas atteintes par cette loi, les
personnes notées d'infamie par le prêteur, celles par
exemple qui ont commis le *lenocinium* en prêtant leur
maison; de même, les personnes qui sont servantes
ou maîtresses d'auberge (2).

---

(1) Gide, *op. cit.*, p. 151. — Suet. *Tiber.*, 35. « Feminæ fa-
« mosæ, ut ad evitandas legum pœnas jure ac dignitate ma-
« tronali exsolverentur, lenocinium profiteri cœperunt. » —
Tacite, *Ann. II*, 85. « Gravibus senatus decretis libido femina-
« rum coercita, cautumque ne quæstum corpore faceret cui
« avus aut pater aut maritus eques romanus fuisset. » — Ces
textes nous montrent qu'on fut obligé, du temps de Tibère,
d'interdire l'inscription sur le registre des courtisanes aux
femmes des chevaliers et des sénateurs. Rein., *op. cit.*,
p. 842, note.
(2) L. 29, C., 9, 9.

Qu'en était-il des concubines? — Le concubinat,
on le sait, se contractait sans cérémonies, ni formalités, par le seul consentement des parties et se dis-
solvait de même. Pour nouer et pour dissoudre le
concubinat, une simple déclaration devant le magistrat suffisait. Ce n'était qu'une union naturelle, permise par les lois, ne produisant par conséquent aucun
effet civil. Cette union mettait à l'abri des rigueurs
des lois contre les mauvaises mœurs, mais elle ne
procurait pas les avantages attribués aux *justœ nup-
tiœ*. Toute femme, d'ailleurs, ne pouvait pas être prise
pour concubine. Au témoignage d'Ulpien « solas eas
« in concubinatu habere posse sine metu criminis, in
« quas stuprum non committitur (1). » Et Marcien
ajoute : « in concubinatu potest esse... maxime ea
« quæ obscuro loco nata est, vel quæstum corpore
« fecit (2). » Une femme libre de naissance et *honesta*
pouvait cependant être prise pour concubine, mais à
condition qu'elle y consentît et manifestât publiquement son consentement. Elle perdait, en ce cas, le
titre de *materfamilias* (3).

Logiquement donc, l'infidélité de la concubine ne
devait pas être punie par la loi Julia. C'était la règle
générale. Seules, pouvaient être accusées d'adultère
les concubines qui n'avaient pas perdu le titre de matrones (4), les affranchies, par exemple, qui s'unissaient à leurs patrons « quippe cum honestius sit

______

(1) L. 1, § 1. Dig. 25, 7.
(2) L. 3, pr. D., 25, 7.
(3) L. 41, § 1. D. 23, 2. « Et si qua se in concubinatu alterius
quam patroni tradidisset, matrisfamilias honestatem non habuisse dico. »
(4) L. 13, pr. D. ht.

« patrono libertam concubinam quam matremfamilias
« habere (1); » — également, les ingénues de naissance, humble et obscure qui auraient gardé des
mœurs honnêtes, et seraient devenues concubines
d'hommes placés dans une position sociale supérieure
à la leur (2).

4°. — Il fallait enfin, pour l'existence du délit
d'adultère, que la faute eût été commise par la femme
en connaissance de cause, avec une parfaite conscience de la violation qu'elle commettait des lois du
mariage. L'adultère doit avoir été commis *cum dolo
malo*, car, disent les textes « adulterium sine dolo
« malo non committitur (3). »

Comme la femme coupable, son complice tombe
sous le coup de la loi Julia, pourvu que lui aussi soit
de mauvaise foi. Et, s'il arrive, par exemple, à un
homme d'épouser une femme qu'il croit légalement
divorcée, alors qu'elle n'a pas accompli les formalités
requises par la loi pour la validité de son divorce,
alors qu'elle a divorcé « non secundum legitimam ob-
« servationem (4), » il n'est évidemment pas coupable
d'adultère « quia adulterium sine dolo malo non com-
« mittitur. » Même impunité pour celui qui aura été

(1) L. 1, pr. D. 25, 7.
(2) Remarquons en effet qu'Ulpien dit formellement que,
pouvait être accusée d'adultère, la concubine « *si modo ea sit,
quæ, in concubinatu se dando* MATRONÆ NOMEN NON AMISIT »
et qu'il cite simplement *comme exemple* le cas de l'affranchie
épousant son patron « UTPUTA quæ patroni concubina fuit. »
— L. 12, pr. ht.
(3) L. 11, § 12. — L. 12. — L. 13, § 7. — L. 43, D. ht. — Ces
lois contiennent plusieurs applications pratiques du principe.
(4) L. 35, D. 24, 1. — Ces formalités consistaient notamment en la notification du *repudium* au conjoint en présence
de sept citoyens romains.

complice d'une femme mariée, que toute sa conduite autorisait à prendre pour une *meretrix* : « Si ea quæ « stupro tibi cognita est, et passim venalem formam « exhibuit, ac prostitutam meretricio more vulgo se « præbuit : adulterii crimen in ea cessat (1). »

L'action publique atteint le complice, lors même qu'il se trouverait être l'esclave du mari « etiam ad- « versus proprium servum accusationem instituere « dominus potest (2). » Nul doute que dans la plupart des cas, les maîtres se soient contentés des pouvoirs si larges qu'ils possédaient à l'égard de leurs esclaves, pour leur infliger le châtiment qu'ils jugeaient con- venable !

II. Autres délits relatifs a l'adultère. — 1° La loi Julia sévissait encore contre d'autres délits qui ont avec l'adultère une relation directe. C'est ainsi qu'elle punissait le mari, qui, aussi peu soucieux de son honneur que de la dignité de son épouse, prati- quait le *lenocinium* domestique, — le mari qui n'a pas chassé sa femme surprise en flagrant délit, et a laissé partir le complice : « qui deprehensam uxorem « in adulterio retinuit, adulterumque dimisit (3). » De quel nom, en effet, qualifier cette scandaleuse tolé- rance d'un mari éhonté, qui ne sait plus ce que vaut l'honneur, ne connaît plus que l'argent? L'obligation pour le mari, de répudier son épouse coupable se comprend d'autant plus facilement, que d'après la loi Julia elle-même, les étrangers ne pouvaient intenter l'accusation d'adultère, à défaut du mari et du père,

(1) L. 22, C. 9, 9.
(2) L. 5, D., 48, 2.
(3) L. 29, pr. D., ht.

tant que la coupable n'était pas répudiée. Il faut évidemment que le *repudium* soit sérieux ; et, si le mari a repris sa femme après l'avoir répudiée : « si dimis« sam reduxerit, » sans doute, on pourrait croire qu'il a obéi à la lettre de la loi, puisqu'il a renvoyé son épouse coupable, « verbis non tenetur, » et pourtant, il tombera sous l'application de cette défense « sed tamen dicendum est, ut teneatur, ne fraus fiat (1). » En sens inverse, n'était pas visé par notre loi, le mari trompé qui n'avait pas renvoyé sa femme par néglihence, apathie, par suite d'une certaine patience ou à cause d'une trop grande crédulité ; « extra legem po« situs videtur (2). »

2° Etait encore atteint par les dispositions de la loi Julia, quiconque recevait une somme d'argent à l'occasion d'un adultère « et qui pretium pro comperto « stupro acceperit (3). » C'est dire que cette loi réprime le *chantage*, sous quelque forme qu'il se présente.

De ce chef, sera puni, le mari qui aura reçu une somme quelconque à raison de l'adultère de sa femme. Mais, remarquons-le, si c'est au moment même du flagrant délit, qu'une transaction à prix d'argent est intervenue entre lui et le complice, ce nouveau chef de la loi de Julia était inutile, puisqu'une disposition précédente punissait le mari qui aurait fait grâce à l'adultère, quand même il n'aurait rien reçu.

Même la femme était tenue de la peine des adultères, lorsqu'elle avait reçu de l'argent pour l'adul-

---

(1) L. 33, § 1, D., ht.
(2) L. 29, § 4. — L. 2, § 3, D., ht.
(3) L. 29, § 2. D., ht.

tère de son mari. Et cependant, la femme ne peut accuser son mari ! — Mais, elle peut divorcer, et susciter ainsi à l'époux coupable de nombreux ennuis, en lui demandant la restitution de sa dot, à cause des *graviores mores*. La loi ne pouvait tolérer qu'une femme se fît ainsi des ressources pécuniaires, du déshonneur de son mari. « Si uxor ex adulterio viri, « pretium acceperit, lege Julia quasi adultera tenetur (1). »

Tombaient enfin sous cette disposition pénale, les étrangers qui, par leurs conseils ou leur assistance, ont amené la femme ou le mari surpris en flagrant délit, à se racheter à prix d'argent « is cujus ope, « consilio, dolo malo factum est, ut vir fœminave in « adulterio deprehensa, pecunia aliave qua pactione se « redimerent, eadem pœna damnatur. quæ constituta « est in eos qui lenocinii crimine damnantur (2). » De ce texte, l'on peut conclure que si les tiers qui se sont ainsi interposés, et ont amené un arrangement, ont agi de bonne foi, dans le but d'empêcher le scandale de s'ébruiter, ils ne seront pas punis ; alors, en effet, il n'y a pas de *dolus malus*.

En un mot, était puni quiconque retirait un profit pécuniaire de la faute commise : « plectitur et » qui pretium pro comperto stupro acceperit, » peu importe que ce fût un homme ou une femme, « mu- « lieres quoque hoc capite legis, quod domum præ- « buerunt, vel pro comperto stupro aliquid accepe- « runt, tenentur (3). »

(1) L. 33, § 2. D., ht.
(2) L. 14, pr. ; D. ht.
(3) LL. 10, § 1, — 29, § 2, D., ht.

Supposons maintenant qu'une somme quelconque a été versée par la femme coupable, ou par le complice, pour acheter le silence de qui les avait surpris. Dirons-nous qu'il existe une action quelconque au profit de la femme ou du complice, pour répéter cette somme? — La négative ne ferait aucun doute, si sur ce point, nous n'avions des textes formels. A Rome, en effet, il existait une maxime de fréquente application : *cum utriusque turpitudo versatur, melior est causa possidentis*. Or, dans le cas donné, il y avait *turpitudo* des deux côtés ; et de la part de celui qui s'était fait acheter son silence, et de la part de la femme ou du complice. D'après notre maxime, celui qui a reçu la somme, étant *possidens*, pourrait la garder. Mais les textes sont formels, en sens contraire. Le préteur accorde à celui qui a été dépouillé, l'action ou l'exception *quod metus causa* : « si quis… « in adulterio deprehensus… vel dedit aliquid, vel se « obligavit,… posse eum ad hoc edictum perti- « nere (1). » Et cela, ajoute Ulpien, parce que les coupables surpris ont pu craindre la mort « quanquam « non omnem adulterum licet occidere (2)… potuerunt « vel non jure occidi, et ideo justus fuerit metus. »

3° Une autre classe d'individus était visée par la loi Julia. C'étaient ceux qui, de près ou de loin, *consilio aut opere*, favorisaient la réalisation de l'adultère. Tel, celui qui aurait prêté sa maison pour le commettre, que ce soit un ami complaisant, ou un logeur

____

(1) LL. 7, § 1, — 8, § 1, D., 4-2.
(2) On sait, en effet, que le mari seul pouvait frapper de mort les coupables en cas de flagrant délit, et encore, dans certaines circonstances seulement.

payé ; « qui domum suam ut stuprum adulteriumve...
« fieret, sciens præbuerit,... cujuscunque sit condi-
« tionis, quasi adulter punitur (1). » Et, pour qu'il ne
fût pas possible de se dérober derrière *la lettre* de la
loi, *domus sua*, on avait pris soin de préciser et de
dire que le crime serait le même, si, au lieu de sa
propre maison, quelqu'un avait fourni la maison d'un
de ses amis .« etsi amici quis domum præbuisset,
« tenetur (2). »

Tel encore, celui qui n'aurait fait que prêter sa
maison pour que les coupables d'adultère puissent s'y
entretenir et traiter de la faute qu'ils ont l'intention
de commettre « etsi eo loco nihil fuerit admissum, » et
cela, parce que, d'ordinaire le projet n'est que le
précurseur de *l'exécution* « quia, sine colloquio illo,
« adulterium non committeretur (3). »

Tel, en troisième lieu, celui qui a conseillé l'adultère. La loi le déclare formellement « hæc verba legis,
« ne quis posthac stuprum adulteriumve facito, sciens
« dolo malo, et ad eum qui suasit, et ad eum qui stu-
« prum vel adulterium intulit, pertinent (4). »

4° Enfin, la loi Julia étendait sa rigueur, même
contre ceux qui épousaient la femme adultère, « adul-
« terio damnatam si quis duxerit uxorem, ea lege
« teneri (5). » Remarquons-le, il était nécessaire que
la femme eût été condamnée, car le droit romain
permettait d'épouser la femme qui avait quitté son

---

(1) L. 8, § 1, D., ht.
(2) L. 9, § 1, D., ht.
(3) L. 9 § 2, D., ht.
(4) L. 12, D., ht.
(5) L. 29, § 1, D., ht.

mari, ou n'était que répudiée (1). Dans un cas cependant, le mariage de la femme non condamnée, sera une présomption de l'accomplissement de l'adultère. Voici dans quelle hypothèse : quelqu'un a été soupçonné d'avoir commis l'adultère avec la femme d'autrui. L'accusation n'ayant pu le convaincre, il est renvoyé absous, mais épouse peu après la femme devenue libre par la dissolution de son mariage : la loi considère alors cette union comme un aveu de la faute commise. L'accusation pourra être renouvelée contre l'individu soupçonné : s'il est convaincu, sa femme, — son ancienne complice, — pourra, à son tour être accusée.

On se demande, à ce propos, s'il était permis à une femme que son mari avait répudiée en la menaçant de la poursuivre pour adultère, mais qui n'avait pas été poursuivie, d'épouser son complice. L'affirmative prévalut (2).

Quant au mari, il ne pouvait, nous l'avons vu, garder sa femme adultère sans tomber lui-même sous le coup de la loi Julia. Il suffisait même qu'il l'ait accusée et fait condamner, pour qu'il ne puisse la reprendre en mariage sans être lénon. Que si l'accusation était imparfaite, il ne l'avait pas poursuivie, ou si, se repentant de la poursuite qu'il avait intentée, il s'était désisté, il pouvait alors reprendre sa femme.

---

(1) La loi *Pappia* suppléa au silence de la loi Julia sur ce point. Elle interdit à tous ingénus d'épouser même les femmes qui auraient été simplement surprises sans être condamnées « quæ in adulterio deprehensa est, quasi publico judicio damnata est. » — L. 43, § 12, D., 23, 2, *de ritu nupt.*

(2) L. 40, § 1, D., **ht.**

SECTION IIe

PRÉROGATIVES SPÉCIALES CONSERVÉES AU PÈRE ET AU MARI SUR LA FEMME COUPABLE.

I. DROITS DU PÈRE. — Le père garde le droit de mettre à mort sa fille coupable, mais sous certaines conditions. Il faut, d'abord, qu'il l'ait encore en sa puissance, au moment où il la tue : « patri datur jus occidendi adulterum cum filia quam in potestate habet.... Sufficit patri si eo tempore habeat in potestate quo occidit (1) ». Il doit, de plus, avoir surpris sa fille en flagrant délit, *in ipsa turpitudine* (2), et cela, soit dans sa propre maison, soit dans la maison de son gendre, *domi suœ generive sui tantum* (3). Enfin, faut-il encore, que le père ait mis à mort, à la fois et du même coup, sa fille et son complice : « debet enim prope uno ictu, et uno impetu utrumque occidere, æquali ira adversus utrumque sumpta (4), quia lex parem in eos qui deprehensi sunt, indignationem exigit et severitatem requirit (5) ». Que le père prenne donc bien garde de ne pas laisser s'enfuir un des deux coupables : autrement il se verrait condamné pour homicide en vertu de la loi *Cornelia de sicariis* (6). Il n'échappait pas à la peine, même si, ayant tué le complice, il avait couvert sa fille de blessures.

(1) L. 20, L. 23, § 1, D., ht.
(2) L. 23, pr., D., ht.
(3) L. 23, § 2, D., ht.
(4) L. 23, § 4 D., ht. — Quint. III, 11, 7,
(5) L. 32, pr., *in fine*, D., ht.
(6) L. 32, pr., D., ht. — *Coll. leg. mos.* IV, 9.

Toutefois, plus tard, divers rescrits de Marc-Aurèle et de Commode décidèrent que, si la femme était couverte de blessures graves montrant le dessein de la tuer, le père évitait la peine de l'homicide, « quia.. mulier, magis facto, quam voluntate ejus servata est (1) ». — Il fallait, en dernier lieu, que le père tuât les coupables de sa propre main, *manu suâ* (2). Sans doute, que par cette disposition, la loi voulait empêcher le père d'user de son *jus occidendi* : elle pensait, — à raison plutôt qu'à tort, — qu'il se montrerait plus clément, quand il serait dans l'obligation de frapper lui-même, avec le complice, sa propre fille. S'il avait pu déléguer cette triste charge, il n'eut que trop souvent confié à un autre ce qu'il n'aurait osé faire lui-même.

Moyennant l'accomplissement de ces exigences légales (3), le père n'avait pas à s'inquiéter de la condition du complice. Il pouvait tuer tout individu indistinctement, de quelque dignité que celui-ci fût revêtu, *cujuscunque dignitatis* (4).

II. Droits du Mari. — Ils furent bien plus limités que ceux du père. *Dans aucun cas le mari ne pouvait tuer sa femme* (5). Bien qu'au premier abord, cette différence dans les prérogatives reconnues au père et au mari, paraisse anormale, et que la situation inverse semblerait préférable, il est facile de justifier

---

(1) Même loi.
(2) Paul., *Sent.*, II, 26, 1.
(3) Il est aisé de voir que les nombreuses conditions dont la loi avait entouré ce droit reconnu au père, ne devaient pas lui permettre de l'exercer fréquemment.
(4) Paul, *Sent.*, *eod. loc.*
(5) Paul, *Sent.* II, 26, 4.

cette disposition légale. N'était-il pas à craindre, en effet, que le mari cédât trop promptement à l'impétuosité de sa colère, à une fureur sans borne et irréfléchie? La tendresse raisonnée du père pour sa fille, devait être au contraire d'un sérieux contrepoids vis-à-vis son juste ressentiment. C'est ce que nous explique le jurisconsulte Papinien (1) : « Ideo autem patri et omnem adulterum permissum est occidere, *quod plerumque pietas paterni nominis consilium pro liberis capit* : cœterum mariti calor et impetus facile decernentis fuit refrænandus. » Nous savons d'ailleurs, à combien d'entraves était soumis l'exercice du *jus occidendi* du père.

Quant au complice de la femme, il ne pouvait être licitement mis à mort par le mari, qu'autant que les différentes conditions requises par la loi se trouvaient réunies en la circonstance. Il fallait qu'il eut été surpris en flagrant délit, et dans la propre maison du mari. Il était ensuite de toute nécessité qu'il fît partie d'une certaine catégorie de personnes expressément désignées: d'une façon générale, le mari pouvait seulement tuer les hommes de condition vile et infâme. Tels, un esclave, un baladin, un gladiateur, un individu flétri par un jugement public, un homme ayant commis le *lenocinium*, l'affranchi du mari, de son épouse, de son père, de sa mère, de son fils ou de sa fille (2) : « qui leno fuerit, quive artem ludicram ante fecerit, in scenam saltandi cantandive causa prodierit judiciove publico damnatus, neque in integrum res-

(1) L. 22, § 4, D., ht.
(2) Paul, *eod. loc.* — *Coll. leg. mos. et rom.* IV, 3, 10, 12. — L, 24, § 1, D., ht.

titutus erit; quive libertus, ejus mariti, uxorisve patris, matris, filii, filiæ, utrius eorum fuerit. » Voilà les personnes qui, surprises en adultère, pouvaient être impunément tuées par le mari. Et, — sur ce point, plus favorisé que le père, — il pouvait les tuer soit par lui-même, soit par le secours d'une main étrangère.

Dans les trois jours du meurtre (1), le mari devait en faire déclaration devant le magistrat de sa résidence, en lui indiquant le nom, la qualité de la victime, et le lieu où elle a été frappée. S'il n'accomplit pas cette déclaration, *impune non interfecit*, et il tombe sous le coup de la loi Sicaria (2).

Au cas où le mari n'usait pas de son *jus occidendi*, il avait le droit, en vertu du chapitre 5 de la loi Julia, de retenir le complice, — quelle que fût sa qualité, — pendant vingt heures, afin de pouvoir arriver ainsi à prouver plus facilement le crime : il introduira chez lui, des témoins qui plus tard, déposeront que le prévenu a réellement été surpris en adultère. « Capite « quinto legis Juliæ ita cavetur, ut viro adulterum in « uxore sua deprehensum, quem aut nolit, aut non « liceat occidere; retinere horas diurnas, nocturnas « que continuas non plus quam viginti testandæ ejus « rei causa, sine fraude suo jure liceat (3). » Ulpien ajoute qu'à son avis, la même prérogative doit être reconnue au père, bien que la loi ne l'accorde d'une façon expresse qu'au mari.

Reste à connaître la position faite au mari, qui,

---

(1) En ce cas, il devait renvoyer son épouse *sine mora.* L. 24, § 1, D., ht.
(2) *Coll. leg. mos*, IV. 3.
(3) L. 25, pr., et 1, D. ht.

oublieux des prescriptions légales, avait tué sa femme
ou le complice de noble condition. En droit strict, cet
acte était un véritable meurtre, puni par la loi Cornelia. Il paraît, qu'en fait, il n'était jamais puni des
peines ordinaires « cum sit difficillimum justum dolo-
« rem temperare. » Sa peine était commuée : « si
« maritus uxorem in adulterio deprehensam impetu
« tractus doloris intersecerit, non utique legis Corne-
« liæ de sicariis pænam excipiet..., quia hoc impa-
« tientia justi doloris admisit, lenius puniri pla-
« cuit (1). » Si le mari n'était pas de noble condition,
la peine était pour lui l'exil perpétuel ; au cas contraire,
la relégation à temps (2).

SECTION IIIe

PROCÉDURE SUIVIE DANS LES PROCÈS EN ADULTÈRE

Le tribunal domestique avait disparu (3), le pouvoir
central, sous l'Empire, ayant tout absorbé. C'est

(1) L. 38, § 8, D. ht. — Paul, *Lent. II*, 26, 5. — L. 3, § 3, D.
29, 5. *Desin. Silan.*

(2) L. 38, § 3, D. ht. — L. 1, § 5, D. 48, 8. *Ad leg. Cornel.* —
Rein, *op. cit.*, p. 213 et 419.

(3) L'on trouve pourtant quelques exemples qui indiquent
qu'en de rares occasions, ce rouage ancien de la justice privée
était encore mis en mouvement. Mais c'était alors comme une
sorte de juridiction exceptionnelle, ne se produisant que dans
les cas où il n'y avait pas d'accusation d'office. Sous Tibère,
une petite-fille de la sœur d'Auguste, est traduite devant ses
proches, pour crime d'adultère, et condamnée par eux. Tacite,
Ann. II, 50. — Sous Néron, un tribunal de famille est cons-
titué pour juger une femme de la première distinction, accusée de s'être faite chrétienne, *superstitionis externæ rea.*
Tacite, *Ann.* XIII, 32. — Et, ajoute l'historien, son mari,
arbitre de l'honneur et de la vie de sa femme, instruisit son

devant l'assemblée du peuple que devaient se dérouler maintenant les procès en adultère. Les magistrats accusateurs avaient, seuls, le droit, avant la loi Julia, d'amener devant elle la femme ou son complice : de même que, seuls, le père ou le mari pouvaient remettre le sort de la femme coupable à la décision du tribunal domestique. Comme l'a fort justement écrit M. Esmein (1) « pour prendre en main cette cause du foyer conjugal, il fallait être un des chefs de la famille, ou un des chefs de la nation. Mais la loi Julia faisait de l'adultère un *crimen publicum*, relevant d'une *quæstio perpetua*. Or, dans ce système pénal, la procédure était pleinement accusatoire. Il ne pouvait y avoir de condamnation sans accusateur, mais en principe tout citoyen pouvait accuser. Etaient seulement privées de ce droit, en vertu d'une loi ou de la coutume, certaines classes de personnes supectes. C'est du reste un procédé familier aux Romains que de remettre au peuple entier le soin de veiller à l'intérêt commun au lieu d'en faire la mission d'un fonctionnaire spécial. C'est l'idée qui sert de fondement aux actions *populares* et au *crimen suspecti tutoris*. »

Un tel système ne pouvait évidemment être suivi sans modification en matière d'adultère. « Sans doute, poursuit le même auteur, on ne voulait point conser-

procès devant un conseil de famille d'après l'ancien usage, et la déclara innocente. — Depuis ce moment jusqu'à la Constitution de Valentinien et de Valens, — *Cod. Just.* IX, 15. — *Cod. Theod.* IX, 13, — il n'est plus de texte qui fasse allusion à cette juridiction domestique.

(1) *Op. cit.*, p. 35. — V. aussi les textes sur lesquels cet auteur appuie ses affirmations, *au texte, et note 1 et 2*. — Comp. de Fresquet, — *Revue historique*, 1855, p. 131 et 146.

ver au mari et au père l'espèce de magistrature qu'ils exerçaient autrefois; il fallait soumettre le mariage à une surveillance effective : mais on ne pouvait point ouvrir toute grande la porte de la maison conjugale, et permettre au premier venu d'en arracher la femme pour la traîner au tribunal, elle et son complice. Ce ne sont point cependant les accusations mal fondées qu'on redoutait surtout; l'accusateur téméraire s'expose à une peine, et bientôt du reste les accusateurs feront défaut. Mais, si la faute n'est pas évidente, et que le mari se taise sans être complice, peut-on donner aux étrangers le droit d'ébruiter le scandale? Si la faute est indéniable, ne faut-il pas laisser aux principaux intéressés, pendant un certain temps du moins, un droit exclusif de poursuite? C'est ce qu'on pensa. Entre des idées opposées une transaction s'établit; et en matière d'adultère le principe d'accusation publique subit chez les Romains un échec inévitable; de même que chez nous, c'est là un des cas où le principe de l'indépendance du ministère public a dû céder. »

Pour mettre plus de clarté dans nos explications, nous parlerons successivement, de l'action essentiellement *privée*, limitée au père et au mari; et ensuite de l'action *publique* que pouvaient intenter toutes autres personnes.

I. — ACTION PRIVÉE DU PÈRE ET DU MARI. — Nous savons que le mari devait d'abord, sous peine d'être accusé de *lenocinium,* renvoyer immédiatement sa femme surprise en flagrant délit, qu'il ait ou non tué le complice.

Qnant au droit d'accusation appartenant au père et

au mari, *jus patris, jus viri*, il constitue pour eux
un *privilegium* (1). Nul n'avait le droit de se porter
accusateur avant eux, à condition qu'ils exercent leur
droit dans le temps marqué par la loi, dans un délai
de soixante jours à dater de la dissolution du mariage (2) : « marito primum, vel patri, eam filiam
« quam in potestate habet, intra dies sexaginta di-
« vortii, accusare permittitur, nec ulli alii in id tempus
« agendi potestas datur (3). »

Mais, qui sera préféré du père ou du mari ? —
Lorsqu'une entente s'était produite entr'eux, — ce qui
devait arriver d'ordinaire — pour déterminer qui des
deux se porterait accusateur, pas de difficulté. Que
s'ils se présentaient en même temps, la préférence
était accordée au mari, en qualité de plus offensé,
« nam et propensiore ira, et majore dolore executu-
« rum eum accusationem credendum est. » Solution
semblable au cas où le père aurait même précédé le
mari : l'on suppose que si celui-ci ne s'est pas encore
présenté, c'est qu'il a préparé l'accusation, et s'est
muni de preuves plus certaines « marito accusationem
« parante, et probationibus instituente atque mu-
« niente, ut facilius judicantibus de adulterio pro-

(1) L. 11, § 6, D. ht.
(2) Il s'agissait ici de *jours utiles*, c'est-à-dire de jours pendant lesquels le mari ou le père avaient pu agir. N'étaient
donc pas comptés les jours fériés, non plus que les jours où
le père et le mari seraient restés absents ou en prison. —
L. 11, § 5 et 6, D. ht. Comp. L. 4, pr., D. ht.
(3) L. 2, § 8. D., ht. — La lecture de ce texte nous indique
que le père ne peut accuser sa fille, que lorsqu'elle est encore
sous sa puissance. Autrement, il ne peut plus agir contre elle
jure patris ; il ne lui reste que le droit de venir comme simple
accusateur, *jure extranei.*

« betur (1). » Et, peu importe que le mari soit fils de famille ou maître de sa personne. Dans les deux cas, il peut poursuivre sans la volonté de son père, parce qu'il poursuit la vengeance de sa propre douleur, « vindictam enim proprii doloris (2). » — Il n'était fait échec à ce droit de préférence reconnu au mari sur le père, que dans un cas : lorsque le père accusait le mari d'infamie, ou prouvait que ce dernier n'actionnait pas sérieusement sa femme, mais colludait plutôt avec elle : « Nisi igitur pater maritum infamem aut « arguat, aut doceat, colludere magis cum uxore, « quam ex animo accusare, postponetur marito. »

Les soixante jours écoulés, le père ne peut plus se présenter que *jure extranei*. Quant au mari, Ulpien estime qu'il pourra encore faire valoir son droit d'accusation, quand bien même l'action aurait été régulièrement intentée par un étranger. Mieux encore : si, sous l'accusation d'un *extranei*, la femme a été absoute, ce jurisconsulte reconnaît au mari le droit de recommencer le procès, pourvu, dans les deux cas, qu'il établisse qu'il ne s'est pas laissé prévenir par négligence, et qu'il indique de justes motifs de son retard, « si non negligentia præventus est,... si ido- « neas causas allegare possit, quibus impeditus non « instituit accusationem (3). »

Pour que le mari puisse accuser sa femme *jure mariti,* il fallait qu'il fût marié en mariage légitime et que l'adultère eût été commis pendant le mariage.

---

(1) L. 14, § 2, D., ht.
(2) L. 37, D., ht.
(3) L. 4, § 2, D., ht.

Si donc le mari veut accuser sa concubine (1), ou son épouse pour une faute antérieure au mariage, il ne ne pourra le faire que *jure extranei*, à raison de l'injure qui lui a été faite (2). — Mais il n'était pas nécessaire qu'il soit majeur. Nous verrons que le mineur de vingt-cinq ans était incapable d'accuser du crime d'adultère, « nec enim visus est idoneus accu- « sator qui nondum robustæ ætatis est (3) : s'il s'agis- sait, au contraire, pour le mineur, de poursuivre la vengeance de son propre mariage, il pouvait agir *jure viri,* ou *jure extranei*, sans qu'il fût possible de lui opposer aucune exception, « nec ulla præscriptio « objicitur suam injuriam vindicanti. »

Reste, à notre point de vue, la question de savoir, si le père ou le mari, accusant *jure patris*, ou *jure mariti*, pouvait, au cas où l'accusation était recon- nue fausse, encourir les peines de la *calumnia?* — Il avait été impossible, en effet, d'ouvrir à tout le monde le droit d'accusation, sans édicter en même temps une loi, qui permît de punir ceux qui n'auraient accusé que par malveillance, ou par une trop grande légèreté. En vertu d'une loi Remnia, dont on ignore la date, mais dont l'existence est certaine, — « calum- niatoribus pœna lege Remnia irrogatur (4), » — les *calumniatores* étaient punis, sans doute à l'origine, d'une peine cruelle consistant à imprimer avec un

---

(1) Il faut évidemment supposer qu'il s'agit d'un mariage, où la concubine n'a pas perdu la qualité de matrone (L. 13, pr. ; D., ht.)

(2) L. 12, pr. ; 4, 6, 7, 8. — L. 11, § 7, D., ht.

(3) L. 15, § 6, D., ht.

(4) L. 1, § 2, D. 48, 16.

fer rouge, la lettre K au front du Kalumniator (1).
Puis, vint pour ce dernier, la peine de l'*infamie* :
« infamiæ notatur, qui in judicio publico calumniæ
« causa quid fecisse judicatus erit (2). » Enfin, à la
note d'infamie, succéda la peine du talion : le calumniator subissait la peine même qu'il avait demandée
contre l'accusé : « quisquis crimen intendit, non im-
« punitam fore noverit licentiam mentiendi : eum ca-
« lumniantes ad vindictam poscat similitudo sup-
» plicii (3). » — Eh bien, il s'agit de savoir, si le père
ou le mari encouraient également le péril de la calomnie ? Question difficile à résoudre ; nous possédons,
en effet, des textes également concluants en faveur de
l'affirmative et de la négative. « Jure mariti *sine calumnia*, vir accusare mulierem adulterii potest », nous dit
la L. 37, 1. D., 4-4. Et Paul (liv. unique des ad.), d'après
Cujas, dit expressément aussi que celui qui accuse
jure patris, ou *jure mariti*, « potest sine calumniæ
« pœna vinci. » Ces textes sont formels : ni le père,
ni le mari ne tombent sous le coup de la loi répressive
de la calomnie. Il en existe malheureusement
d'autres, comme nous le disions, non moins formels
en sens contraire. C'est la loi 14, 3, D., 48, 5. « Jure
« mariti qui accusant, *calumniæ periculum non evi-
« tant*, » et la loi 30, *eod. tit.* « Pater, *sine periculo
« calumniæ* non potest agere. »
Mais alors ? — Sacrifier l'un ou l'autre de ces textes

(1) Esmein, *op. cit.*, p. 38. — Et l'extrait de Cicéron cité par
cet auteur, — Cic. *Pro. Rosc. Am.* 20, 57 : « Litteram illam cui
vos usque eo inimici estis ut etiam kalendas omnes oderitis...
vehementer ad caput infligent. »
(2) L. 1. — L. 4, § 4, D. 3, 2. — L. 14, D. 48, 1.
(3) L. 10, C, — 9, 46.

si affirmatifs, pour dire que le père et le mari supporteront toujours, ou ne supporteront jamais la peine de la *calumnia* semble difficile. Il faudrait en tout cas, qu'une conciliation entre dispositions aussi contradictoires, fût absolument impossible. C'est ce que nous ne croyons pas.

D'après les anciens commentateurs, Cujas et Brissonius entr'autres, les textes précités envisageraient deux situations différentes. Le père et le mari seraient punis, lorsqu'ils auraient intenté l'action de mauvaise foi, dans le but exclusif de porter préjudice à l'honneur et à la réputation de la femme, la sachant innocente. Que si, au contraire, leur bonne foi n'est pas douteuse, s'ils ont accusé, à tort, il est vrai, mais convaincus de la culpabilité de la femme, les peines de la loi sur la *calumnia* ne les frapperont pas.

Cette conciliation paraît très séduisante au premier abord : il ne nous semble cependant pas possible de l'admettre. Voici pourquoi, des textes nous disent fort clairement qu'un accusateur, même étranger, ne subira pas le châtiment infligé au *calumniator*, s'il a été de bonne foi dans son accusation, qu'il ne l'ait intentée que par suite d'une juste erreur (1). La situation qu'on présentait comme particulière au père et au mari, fut donc, à un moment donné du moins, une situation commune à tous accusateurs.

Aussi, préférons-nous nous rallier à « l'hypothèse, » émise par M. Esmein (2). « Il y a eu, pensons-nous, deux doctrines successives en matière de *calumnia*.

(1) L. 1, 3, D. 48, 16.
(2) *Op. cit.*, p. 39.

A l'origine, il suffisait que l'accusation n'eût pas réussi pour que l'accusateur pût être condamné comme *calomniator*. C'était là une théorie bien dangereuse, surtout avec le jury. Aussi en vint-on à déclarer que celui-là seul pouvait encourir les peines de la calomnie, qui était de mauvaise foi, une simple faute ne suffisant pas pour cela : telle est bien la doctrine qu'attestent de la façon la plus nette, certains passage du Digeste et du Code. L. 1, § 3, D. 48 16 ; L. 3, C. 9, 46. Mais l'autre opinion a laissé des traces dans certains textes : voy. L. 22, D. 34, 9, L. 2-6, 9, 46. Le soin même que les jurisconsultes apportent à établir que la faute ne suffit pas, montre qu'il exista une théorie contraire et plus ancienne. Paul, I, 5, 1. — L. 233. D. 50, 16 ; L. 1, § 3 et 5, D. 48, 16. Sous l'empire de cette ancienne doctrine, il était absolument juste d'écarter toute action en *calumnia* lorsqu'il s'agissait du père et du mari accusateurs. C'est ce qu'avait fait la loi Julia. Avec l'opinion. nouvelle, qui ne punit le *calumniator* que lorsqu'il y a dol évident, cette exemption n'avait plus sa raison d'être, et on entendit la loi en ce sens, qu'elle avait seulement voulu dire, ce qui était devenu le droit commun, qu'on ne pourrait point condamner le père et le mari pour une simple faute. »

Nous n'avons jusqu'ici parlé que de la poursuite dirigée contre la femme : il n'y a rien de particulier à dire quant au complice contre qui le père et le mari ont, après le divorce, un droit d'accusation privilégié pendant soixante jours (1).

(1) L. 6, § 3. — L. 38, § 9, D. ht.

II. — ACTION PUBLIQUE. — L'action publique était celle qui pouvait être intentée par toutes autres personnes que le père ou le mari, et par ces derniers eux-mêmes *jure extranei*.

Dès l'instant que les soixante jours donnés au père et au mari étaient expirés (1), l'action publique était ouverte, et, durant quatre mois, les étrangers pouvaient soutenir l'accusation. Au cas où plusieurs *extranei* se présentent en même temps comme accusateurs, force est au juge de faire un choix entre eux et de n'admettre que celui qui lui paraît le plus apte à remplir ce grave rôle d'accusateur : « Quotiens alii, « qui post maritum et patrem accusare possunt, ad « accusandum prosiliunt, lege expressum est, ut is, « cujus de ea re notio est de justo accusatore constituat (2). » Ce choix que faisait le juge se nommait la *divinatio*.

Au cas où le mariage était dissous non plus par le divorce (3), mais par la mort du mari, *l'extraneus* (4) avait encore le droit de se porter accusateur pendant un délai de six mois, courant depuis la perpétration du crime (5).

(1) L. 14, § 2, D. 15, 5.
(2) L. 2, § 9, D. ht. — Rein. *Op. cit.*, p. 846.
(3) Tant que le mariage durait, les tiers ne pouvaient pas non plus accuser *l'adulter*. La loi 39, § 1, D. ht., qui, au premier abord semble contraire à cette opinion, veut simplement dire, que dans le cas où la femme séparée de son mari pour cause d'adultère, se remariait avant la signification à elle faite du libelle d'accusation, *l'adulter* devait forcément alors être actionné le premier.
(4) Et par ce mot, nous entendons le père lui-même, qui en cas de mort du mari, voyait disparaître son droit d'accusation *jure patris* : in accusationem *viduæ filiæ* non habet pater ju præcipuum. — L. 22, § 1, D. ht.
(5) L. 29, § 5, D. ht.

Lorsque la femme s'était remariée, la loi suspendait contre elle l'accusation, pour ne pas troubler la quiétude d'un ménage qui peut être bien uni. Il n'était fait exception à cette règle que dans deux cas : 1° Si, immédiatement après le divorce, l'accusateur a fait à la femme dénonciation de ne pas se remarier (1). — 2° Si l'accusateur est parvenu à faire condamner le complice. L'absolution de ce dernier entraînait l'absolution de la femme ; sa condamnation entraînait possibilité d'accuser l'*adultera* (2).

Peu importe, pour l'application de notre règle, que le second mari de la femme fût ou non son complice présumé. Dans l'un et l'autre cas, la femme était protégée contre une accusation d'adultère dans les limites que nous avons indiquées. Par conséquent, une femme mariée avant la signification, doit attendre le jugement qui sera porté contre son complice ; s'il est acquitté, elle n'a plus rien à craindre, et devient libre de toute accusation ultérieure. Mais, dès que le second mariage est dissous, l'accusateur voit renaître ses droits contre la femme.

Si la femme était décédée, et que ce fut seulement après sa mort que son crime ait été découvert, l'*adulter* pouvait encore être accusé, à la condition que cinq ans ne se soient pas écoulés depuis l'accomplissement de la faute. Autrement, l'action publique serait prescrite, comme elle le serait aussi, après un tel délai à l'égard de la femme qui vivrait encore (3).

---

(1) Cette dénonciation pouvait être faite soit devant le juge, ou par procureur. — L. 17, D. ht. — L. 2, pr., — L. 39, § 3, D. ht. — L. 14, C., 9, 9.

(2) L. 17, § 6, — L. 19, § 3, — L. 39, § 1, D. ht.

(3) L. 11, § 14, — L. 29, § 5, 6, 7, — L. 44, D. ht.

III. — Règles de procédure spéciales a la loi Julia. — I. — Un premier point particulier avait trait à l'ordre dans lequel on devait accuser : « Ne quis « adulterii reos marem et fæminam ex eadem causa « facito, » proclamait le chapitre 8 de la loi Julia. Pourquoi cette exigence en notre matière, alors qu'en général, il était permis de comprendre plusieurs coupables dans une même accusation? C'était aussi bien dans l'intérêt de la défense que de l'accusation. En défendant à une même personne de faire une double accusation, la loi avait pour but, comme on l'a justement dit, de réprimer l'excès de zèle de l'accusateur, et d'empêcher que la calomnie d'un seul n'opprimât deux innocents, ou, que par sa prévarication, deux coupables n'échapassent à la vindicte des lois. Mais il était loisible à deux accusateurs différents d'accuser en même temps l'un la femme, l'autre le complice (1).

Au cours de cette étude, nous avons vu qui, du complice ou de la femme, il fallait accuser le premier, constatant que, pour se décider, on devait envisager les diverses situations où se trouve la femme. Disons en résumé, qu'il n'y avait que deux cas où la femme pouvait être accusée avant le complice, au choix de l'accusateur, ou en même temps, s'il y avait deux accusateurs différents; lorsqu'elle était veuve, ou remariée après dénonciation de ne pas le faire à elle notifiée. Dans tous les autres cas, le mariage existant légitimement, il fallait accuser le complice le premier. Mais, si le complice était mort avant qu'on eût pu agir

(1) L. 17, § 6, D. ht.

contre lui, ou avait été condamné pour un autre crime, la femme allait-elle bénéficier de cette impossibilité d'agir contre l'*adulter*, et ne pas être inquiétée ? — Evidemment non ; on pouvait alors agir directement contre la coupable. « **Sed,** si antequam con-
« demnetur, vel antequam cum eo agi cæperit, adulter
« diem suum obierit : constitutum est, etiam mortuo
« adultero, sine præscriptione mulierem posse accu-
« sari (1). »

II. — La femme accusée d'adultère ne peut être défendue en son absence (2).

Une fois l'accusé inscrit sur la liste des accusés, il lui reste à présenter sa défense, ce qu'il peut faire soit par lui-même, soit au moyen d'un défenseur de son choix. Or, à Rome, les accusés de crimes capitaux pouvaient seuls, en leur absence, être défendus par procureurs ; « nam et in capitalibus judiciis defen-
« sio datur (3). » Pour les accusés de crimes non capitaux, ils ne pouvaient au contraire se faire représenter en leur absence, et le procès était instruit contre eux comme s'ils avaient été présents. Mais alors que signifie cette Loi 11, § 2, puisque, la loi Julia n'entraînant point la peine capitale (4), on ne faisait sur ce point, que suivre la règle générale en décidant que la femme ne pourrait se faire défendre

(1) L. 17, § 7, — L. 18, — L. 19, pr., D. ht.
(2) L. 11, § 2, D. ht.
(3) L. 33, § 2, D., 48, 1. *De procur.*
(4) Nous posons comme acquis, un point qui a cependant fait l'objet de quelques doutes. En examinant un peu plus loin cette question, nous verrons que tout prouve que la loi Julia n'édictait pas la peine capitale. C'est maintenant à peu près généralement admis.

en son absence? — Pour trouver quelqu'utilité à cette disposition légale, il faut lui donner un autre sens. Le voici : tout en ne pouvant pas se faire défendre sur le fond du procès, l'accusé absent avait du moins, la faculté de faire présenter des excuses par un procureur, et d'obtenir une remise de l'affaire (1). C'est de cette faculté que sera privée la femme absente accusée d'adultère, crime pour lequel, « nulla danti « dilatio est (2). »

III. — Une autre particularité spéciale de la procédure en notre matière, a trait à la torture des esclaves.

Dans les procès d'adultère, la preuve la plus ordinaire, presque seule usitée, est la preuve testimoniale. Des témoins, hommes libres ou esclaves, viennent devant le magistrat déposer du fait qu'ils ont vu, ou dont ils ont entendu parler. Or, si la *question*, — ce procédé barbare qui consistait à torturer un homme, pour l'amener à dire plus facilement la vérité — ne s'appliquait jamais à l'homme libre comparaissant comme témoin, et rarement à l'homme libre accusé (3), c'était au contraire le procédé généralement admis à l'égard des esclaves. De là précisément, naissaient les difficultés, quand l'esclave torturé appartenait à un autre qu'à l'accusateur. Il faut voir séparément le cas où l'esclave est accusé, et le cas où il n'est que témoin.

1° *L'esclave est accusé de complicité avec la femme.*

(1) L. 13, § 1, D., 48, 1.
(2) L. 41, D. ht. — Paul, *Sent.* II, 26, 17. — V. Esmein, *op. cit.*, p. 54.
(3) Ne pouvaient jamais être soumis à la question, les personnes illustres, les décurions et leurs enfants.

— Pas de difficulté, si l'esclave est la propriété de l'accusateur. Ce dernier exercera sur lui son *jus utendi* dans toute sa plénitude, en usera comme d'une chose lui appartenant, et personne ne pourra s'en plaindre.

L'esclave accusé appartient-il à autrui? — L'accusateur doit fournir caution de payer le double de sa valeur avant la question, si l'esclave y meurt, ou, la réparation du dommage causé si l'esclave diminue seulement de valeur : les juges feront cette estimation (1). S'il n'y a pas eu de stipulation spéciale, le maître de l'esclave peut agir contre l'accusateur, par une *condictio ex lege*, pour obtenir la réparation du dommage causé : « Quod ex his causis debetur, per « condictionem quæ ex lege descendit, petitur (2). »

2° *L'esclave est appelé au procès comme témoin.* — Appeler un esclave en témoignage était synonyme de le soumettre à la torture, puisqu'aux yeux des Romains, l'esclave était censé ne pouvoir dire la vérité que sous l'action de la douleur. Mais, en droit commun, l'esclave ne pouvait être appelé en témoignage contre son maître, « cum quaestio de servis « contra dominos neque haberi debeat... Quaestionem « de servis contra dominos haberi non oportet (3). » Ici, au contraire, les esclaves de la femme adultère pourront être torturés, ainsi que ceux qu'elle ne possède pas en propriété, mais qui ont été attachés à son service par son père, sa mère, son grand-père et sa grand-mère (4). La raison de cette différence est

(1) L. 27, pr., D., ht.
(2) L. 28, D., ht.
(3) L. 1, § 16, D., 48, 18. — L. 1, C., 9, 41.
(4) L. 3, C., 9, 9.

facile à comprendre : il s'agit d'établir des faits, qui souvent, n'auront eu pour témoins que ceux qui vivent journellement avec les coupables. Du reste, hâtons-nous de le dire, seuls, le père ou le mari accusant *jure patris*, ou *jure viri*, pouvaient demander la torture des esclaves de la femme. Plus tard, ce droit passa au mari accusant *jure extranei*, et ensuite, à tout étranger, « quoniam non facile tale delictum sine « ministerio servorum admitti credendum est. »

Que si le procès était engagé contre l'*adulter*, les esclaves de ce dernier pouvaient encore être soumis à la torture sur la demande du père ou du mari. En cas de difficulté du propriétaire, pour livrer ses propres esclaves, la loi donnait contre lui l'action *ad exhibendum* (1).

Un moyen bien simple d'éluder la loi, eût été pour la femme et le complice, d'affranchir ou d'aliéner leurs esclaves. La loi avait prévu cette fraude, et interdit à l'accusé d'aliéner ou d'affranchir ses esclaves, pendant les soixante jours qui suivaient le divorce, c'est-à-dire, durant le temps où le mari et le père pouvaient accuser en vertu de leur droit privilégié. Si, malgré cette prohibition, l'esclave était affranchi, il devenait *statuliber,* et comme tel, passible de la torture (2).

Lorsque l'accusé a été condamné, et que ce sont ses propres esclaves qui ont été mis à la question, ils sont confisqués et attribués au fisc, qui devait alors rembourser aux ayants-droit la valeur de l'esclave : « Jubet lex eos homines de quibus quæstio ita habita

(1) L. 3, C., 9, 9.
(2) L. 27, § 10, D., ht.

« est, publicos esse » (1). Les motifs d'uue telle disposition sont indiqués dans la loi 27, §§ 13 et 14, ht. ; c'est afin d'éviter que la crainte ou l'espoir ne les empêchent de parler contre leurs maîtres.

IV. — Il existait certaines fins de non-recevoir, que l'accusé pouvait opposer avant toute défense au fond. Plusieurs nous sont déjà connues : nous les rappellerons brièvement.

1° La femme mariée, ou remariée avant la dénonciation, pouvait, si elle était attaquée la première, opposer une exception qui renvoie à l'accusation du complice (2).

2° Au père et au mari qui, après l'expiration de soixante jours, voudraient encore accuser la femme *jure patris*, ou *jure mariti* cette dernière pouvait opposer une exception constatant qu'ils ne pouvaient plus agir que *jure extranei*.

3° La femme et l'*adulter* pouvaient opposer une exception au mineur de vingt-cinq ans qui les accuse, car ce mineur n'est pas capable d'intenter un procès (3); — à l'accusateur qui les aurait accusés tous deux en même temps, puisqu'il n'est pas permis à une personne de citer deux coupables à la fois.

Voilà des exceptions qu'on pourrait appeler dilatoires. Elles retardent le procès, mais ne préjudicient en rien à la solution qui doit intervenir sur un jugement régulier. Il est d'autres exceptions rentrant dans la catégorie des exceptions péremptoires, qui une fois admises, font tomber l'accusation d'une façon définitive.

(1) L. 27, § 11, D., ht.
(2) L. 19, pr. ; D., ht.
(3) L. 15, § 6, D., ht.

1° L'accusateur, — que ce soit le mari, le père, ou un *extraneus* — qui s'est désisté, et veut plus tard reprendre son accusation, peut se voir opposé par l'accusateur une exception tirée de son désistement; « et ideo ex eadem lege postea accusandi ei jus non superesse (1).

2° Une même exception repoussera le mari, qui, après avoir répudié sa femme pour adultère, l'a reprise avec lui, et veut ensuite l'accuser. En la reprenant en effet, il est censé avoir contracté un nouveau mariage, et il a effacé les délits de la première union : « abolevit enim prioris matrimonii delicta, « reducendo eam (2). » — Il en serait de même pour celui qui voudrait accuser sa femme d'un *stuprum* commis avant le mariage ; « sero enim accusat mores, « quos uxorem ducendo probavit (3).

3° L'*adulter* pouvait opposer au mari coupable de *lenocinium*, l'*exceptio lenocinii* : le même droit était refusé à la femme : « lenocinium igitur mariti ipsum « onerat, non mulierem excusat (4). » Plus tard cependant, une exception péremptoire put, de ce chef, être opposée au mari et par l'*adulter* et par l'*adultera* : « præscriptio lenocinii quod marito objicitur — Præs- « criptionem esse pollicitum eo nomine quod accusa- « tor uxorem post deprehensum adulterium penes se « habuisse dicatur (5). »

4° Reste la véritable *prescription*, l'exception tirée

(1) L. 40, § 1, *in fine*. — L. 2, § 1, D., ht.
(2) L. 13, § 9, D., ht.
(3) L. 13, § 10, D., ht.
(4) L. 2, § 5, D., ht.
(5) L. 28, L. 26, C., 9, 9.

de l'écoulement d'un certain laps de temps depuis le crime.

Généralement, la prescription criminelle était de 20 ans. Ce laps de temps fut diminué pour les crimes d'adultère : il était de 6 mois utiles en faveur de la femme, de 5 ans continus en faveur du complice. La femme profitait également de cette dernière prescription, au cas ou les 5 ans continus seraient écoulés avant les 6 mois utiles (1). Il suit de là que *l'adulter* était toujours forcé d'attendre 5 ans pour être à l'abri de l'accusation (2), que la femme au contraire avait deux délais, et pouvait choisir celui qui lui était le plus avantageux, 6 mois utiles ou 5 ans.

Le point de départ de la prescription était le jour du crime, si la femme était mariée ; le jour du divorce, si elle était veuve.

SECTION IVᵉ

PEINES INFLIGÉES.

Il faut distinguer les peines criminelles et les peines civiles.

I. *Peines criminelles.* — La loi Julia édictait-elle la peine capitale? — Question fort controversée, mais dans laquelle il faut le reconnaître, les partisans de l'affirmative sont en assez petit nombre. Ces derniers s'appuient principalement sur un texte des Institutes qui est bien formel : *Lex Julia temeratores alienarum*

(1) L. 1 § 10, D., 48; 16.
(2) L. II § 4, D., ht.

nuptiarum GLADIO PUNIT (1). Malheureusement pour eux, tout démontre que ce texte constitue une des nombreuses interpolations de Tribonien, qui au lieu de laisser la loi Julia telle qu'Auguste l'avait édictée, y inséra le droit usité de son temps. Comprendrait-on en effet, si la loi Julia avait puni de mort les coupables d'adultère, que cette même loi ait ensuite expressément défendu aux femmes condamnées pour adultère de se remarier, et à tout citoyen de les épouser, sous peine d'encourir les châtiments portés contre les coupables de *lenocinium* (2)? — Qu'elle ait interdit aux condamnés pour adultère de servir de témoins (3)?

A cela, nous le savons, on peut être tenté de répondre que la loi prévoyait le cas, où le condamné pour adultère aurait, par un moyen quelconque échappé à la peine capitale édictée contre lui.

Mais il existe d'autres arguments, des plus probants en faveur de l'opinion contraire, et qui, à notre avis, démontrent jusqu'à l'évidence que ce texte des Institutes a été l'objet d'une interpolation. La Loi Julia condamnait à la déportation les individus coupables du crime d'inceste et d'adultère (4). Est-il admissible que la même loi ait frappé d'une peine plus forte un crime moindre ? — Et que signifierait, dans l'autre opinion la Loi 11 § 2 D. h. t. qui dit que la femme accusée et absente, ne peut être défendue, puisqu'il n'est permis de défendre un absent que dans les juge-

(1) *Inst.* liv. IV, titre 18 § 4.
(2) L. 11 § 13, L. 29 § I, D., ht.
(3) L. 20 § 6, D., 28, 1.
(4) L. 5, D., 48, 18.

ments de crimes capitaux ? — Nous trouvons enfin dans Tacite un témoignage formel en notre faveur. Cet auteur, parlant des condamnations à mort ou à l'exil, infligées en certaines circontances, par Auguste, aux complices de ses fille et petite-fille dans leurs dérèglements, ajoute : En donnant à une faute que les vices des deux sexes ont rendue si commune les noms aggravants de sacrilège et de lèse-majesté, il y appliquait *des peines inconnues* à la clémence de nos ancêtres, et *à ses propres lois* (1).

Un nombre considérable de faits historiques viennent d'ailleurs attester avec certitude que la peine de mort fut édictée contre les adultères, bien postérieurement à la loi Julia. C'est Auguste qui relégua sa propre fille Julia, épouse de Tibère, dans l'île de Pandatère, et son complice, S. Gracchus dans l'île Cercine (2). — C'est Ovide qui subit les rigueurs de l'exil, comme complice de l'adultère de Julie, bien qu'il n'en ait été que le témoin oculaire (3). — Varilia Appuleia, nièce de Tibère est relégué à 200 milles de Rome, son complice Manlius est banni d'Italie et d'Afrique. — Pontia, la sœur de Caligula, est reléguée par ce dernier, son complice Lepidus, condamné comme conspirateur (4). — Faut-il encore citer les exemples de la propre femme de Caligula, Livia Orestilla (5) — de la nièce de Claude, Julia (6), —

---

(1) Tac. *Ann.*, III, 24. Comp. *Ann.*, IV. 42.
(2) Tac. *Ann.*, I, 53.
(3) *Tristes*, IV, 10, 99 sqq.
(4) Dio Cass. LIX, 11, 22.
(5) Dio Cass. LIX, 8.
(6) Dio Cass. LIX, 18.

d'Octavia, femme de Néron (1), — de Galitta, femme d'un tribun militaire sous Trajan (2) ? — Et que d'autres faits aussi probants nous fournirait un examen approfondi de l'histoire romaine !

Arguments de texte (3), arguments de faits, tout concourt à prouver, ce nous semble, que la peine criminelle édictée par la loi Julia n'était pas la peine capitale (4). Il nous faut cependant réfuter l'argument que l'opinion contraire tire des dispositions de la loi 9. C. 9, 9, constitution d'Alexandre Sévère de l'an 225 : « Qui autem adulterii damnatam, *si quocumque modo pœnam capitalem evaserit,* sciens duxerit uxorem... » Donc, dit-on, la peine capitale était la peine de l'adultère. — Cette constitution ne prouve qu'une chose : c'est qu'au moment où ce texte a été écrit, la peine capitale était sans doute usitée. Mais, gardons-nous de substituer les peines du temps d'Alexandre-Sévère, à celles que pouvait prescrire la loi Julia. M. Esmein pense même « que la loi 9 du Code a été interpolée par Tribonien, car à l'époque d'Alexandre-Sévère, il n'était pas probable que la peine de mort eût déjà été introduite en matière d'adultère (5). »

(1) Tac. *Ann.*, XIV, 60.
(2) Pline *Epist.*, VI, 31.
(3) Add. Paul., *Sent.* II, 26, 14.
(4) Accarias, *Op. cit.*, p. 223. — Cujas, *Observat.* XX, 18 et XXI, 17. — Rein., *Op. cit.*, p. 848.
(5) « Elle n'existait pas à l'époque de Caracalla. Dion Cassius racontant qu'en vertu de son suprême pouvoir, il faisait mettre à mort les *adultères,* constate que c'était contraire aux lois : « ἐφόνευε παρὰ τὰ νενομισμένα » *LXXVIII*, 16. — Esmein, *op. cit.* p. 31. — Mais Caracalla précéda Alexandre-Sévère ; il est donc possible que la peine de mort ait été la peine légale sous ce dernier empereur, tout en ne l'ayant pas été sous Caracalla.

Quelle était donc la peine prononcée par la loi Julia? — Le jurisconsulte Paul nous répond : « Adul- « terii convictas mulieres... relegatione in insulam « placuit coerceri. Adulteris vero viris, pari in insu- « lam relegatione.., dummodo in diversas insulas « relegentur (1). » La relégation, telle était la peine criminelle (2). Mais alors, a-t-on dit, d'où vient que les auteurs du temps se récrient contre la sévérité du châtiment, qu'ils en parlent comme d'une peine excessive, *adulterii graviorem pœnam deprecatus* (3), que les dieux eux-mêmes auraient redouté, *ipsi Marti Venerique timendam* (4)? La relégation ne faisait perdre ni le *jus civitatis*, ni le *jus libertatis*, et par conséquent n'était pas ce terrible châtiment. — On oublie que la relégation était accompagnée de circonstances humiliantes, qui en faisaient une peine très rigoureuse. Les femmes en particulier, devaient la redouter, puisqu'elles étaient privées d'une partie de leurs biens, frappées de certaines incapacités, et forcées d'abandonner leur habit de matrones pour revêtir un habit honteux qui les vouait à l'ignominie et à la risée générale.

Avec la peine de la relégation (5), les adultères encouraient l'*infamie*, peine qui résulte de droit de toutes les actions criminelles.

II. *Peines civiles.* — La femme coupable était pu-

______

(1) *Sent.* II, 26, 14.
(2) Rein pense cependant que la loi édictait l'*aquæ et ignis interdictio* remplacée du temps de Paul par la déportation, ou dans certains cas, par la relégation.
(3) Tac. *Ann.* liv. 2.
(4) Juvénal. *Sat.* 2.
(5) La relégation était temporaire.

nie de la perte de la moitié de sa dot et du tiers de
ses biens ; le complice, de la moitié de sa fortune.
« Adulterii convictas mulieris dimidiâ parte dotis et
« tertia parte bonorum... adulteris vero viris.., dimi-
« diam bonorum partem auferri (1). »

Il est facile de comprendre pourquoi la loi romaine,
si soucieuse, cependant, de respecter la dot de la
femme, en confisquait la moitié en cette circonstance.
Si, à Rome, la dot de la femme était souvent protégée à l'excès, c'était dans le but de favoriser les
seconds mariages. Ce motif n'existant pas ici, puisque
la loi Julia punissait au contraire celui qui épouserait
une femme condamnée pour adultère, la protection
devait également disparaître : la dot pouvait être con-
fisquée (2).

Enfin, la femme et son complice étaient frappés de
certaines incapacités que nous avons déjà mentionnées au cours de notre étude.

Ils ne pouvaient plus témoigner en justice (3).

La femme condamnée, comme du reste la femme
surprise en adultère ne pouvaient être épousées par

---

(1) Paul. *Sent. eod. loc.*

(2) On pourrait douter encore ici que cette peine fût portée
par la loi Julia. Ulpien, en effet, énumérant les lois qui confis-
quent la dot de la femme, ne fait aucune mention de la loi
Julia : « Quinque legibus damnatæ mulieris dos publicatur:
« majestatis, vis publicæ, parricidii, veneficii et siccariis. » —
L. 3, D. 48, 20. *De bondam.* — Mais, le juriconsulte parlant de
lois qui prononçaient une confiscation totale, n'avait pas à
s'occuper d'une loi qui n'édicte qu'une confiscation partielle.
Ajoutons qu'Ulpien, après avoir annoncé cinq lois, n'en men-
tionne que quatre ; en effet, le meurtre et l'empoisonnement
sont visés par une même loi, la loi Cornelia de siccariis. La loi
Julia formerait donc la cinquième loi.

(3) L. 18, D. 22, 5.

un ingénu, mais elles pouvaient contracter un *concubinatus* (1).

L'adultère était aussi une cause de divorce.

Disons, en terminant sur ce point, que le juge devait se montrer plus indulgent, pour la femme, lorsque le mari ne lui avait pas donné l'exemple des bonnes mœurs. Ne serait-il pas inique, en effet, écrit Ulpien, que le mari pût exiger de sa femme ce qu'il n'observe pas lui-même : « Periniquum enim videtur « esse ut pudicitiam vir ab uxore exigat, quam ipse « non exhibeat (2). »

Nous en avons ainsi fini avec l'étude des dispositions de la loi Julia sur l'adultère. Il ne rentre pas dans notre cadre, d'examiner si cette loi eut de grands résultats pratiques. Disons simplement que, loin de diminuer, le fléau de l'adultère ne fit que s'accroître (3). Plus que jamais, il fut vrai de dire: « Quid leges sine moribus ? » Tacite, Juvénal, Senèque, Martial, tant d'autres encore en témoignent hautement: et tous les faits honteux qui se pressent dans l'histoire, parlent plus éloquemment dans leur hideuse simplicité que les plus longs commentaires (4)

---

(1) L. 43, § 12, D. 23, 2. — L. 1. § 2, D. 25, 7. — Juven, II, 70, Martial, II, 39, X. 52 ajoutent que *l'adultera* devait abandonner la *stola* des matrones pour revêtir la *toga* des courtisanes.

(2) L. 13, § 5, D., ht.

(3) Dion Cassius rapporte que lors de sa promotion au consulat, il y avait *trois mille* accusations d'adultère (*LXXVI*, 16).

(4) « Le peuple romain, qui assistait avec une muette indifférence, au renversement de toutes ses libertés, se révolta dès qu'on voulut toucher à ses vices... Le prince parvint à faire passer sa loi (la loi Julia). Mais il ne parvint pas à arrêter ni à ralentir le débordement des mœurs, et il put se convaincre, par une déplorable expérience, que, s'il est aisé à un despote

CHAPITRE III

L'ADULTÈRE SOUS LES SUCCESSEURS D'AUGUSTE.

I. *De Tibère à Constantin.* — Sous Tibère, Caligula, Claude, Néron, la loi Julia subsista, à l'état théorique du moins, légèrement modifiée sur quelques points de détail. Mais, c'était à qui, des sujets ou des empereurs enfreindrait le plus ses sages prescriptions, qui peu à peu furent oubliées de tous.

Il faut aller jusqu'à Domitien, pour trouver un empereur comprenant que, par intérêt politique, il importait à la sûreté d'Etat de mettre quelques digues à la dépravation générale. Il veilla à la stricte observation de la loi Julia (1), dont il augmenta même les incapacités à l'encontre des femmes adultères. Ces dernières furent par lui privées du droit de recueillir les legs et les hérédités, et il effaça du registre des juges les chevaliers romains, qui avaient repris en mariage la femme par eux renvoyée et accusée d'adultère.

Adrien permit de soumettre à la question, non seulement les esclaves des deux coupables, ceux du père, de la mère, etc., mais encore tout esclave quel qu'il soit, appartiendrait-il à un *extraneus* (2).

---

de corrompre et de détruire les vertus publiques, il lui est moins facile de les rétablir. » Gide, *op. cit.* p. 150. — Sous Tibère, un défenseur des femmes était obligé d'avouer qu'il y avait peu de mariages sans atteinte : « Vix præsenti custodiâ « manere illæsa conjugia (Tacite, *Ann.* III, 34).

(1) Martial, *VI*, 2, 4, 7, 91 ; Juven. *II*, 29, sqq.
(2) L. 27, § 6, D., ht.

Rien de particulier sous les règnes de Marc-Aurèle et de Commode.

Ce furent les empereurs Septime-Sévère et Antonin qui édictèrent la disposition permettant d'accuser *jure mariti* même la fiancée, « quia neque matri- « monium qualecunque, nec spem matrimonii violare « permittitur (1). » Un autre rescrit des mêmes princes autorisa les accusateurs *jure extranei*, à soumettre les esclaves à la question contre la femme adultère, alors au contraire que, d'après la loi Julia, avaient seuls ce droit, le père ou le mari accusant *jure patris, jure mariti*. Enfin, une impunité absolue, et l'absolution complète fut accordée au mari qui avait tué sa femme.

Alexandre-Sévère rendit des lois assez rigoureuses, remit en vigueur la loi Julia, et s'ingénia à la faire observer en toutes ses dispositions (2). La peine de mort fut désormais applicable aux condamnés pour adultère : dès lors, ce crime était donc classé parmi les plus grands.

D'Alexandre-Sévère à Constantin, aucune disposition nouvelle qui ait quelque importance.

II. *De Constantin à Justinien.* — Avec Constantin, le christianisme occupait le trône des Césars. Aussi, est-il facile de comprendre les efforts qui furent faits par le nouvel Empereur, pour réprimer la corruption de cette société romaine si dépravée et tombée si bas. Le succès ne répondit malheureusement pas aux efforts du chef de l'Empire.

A la différence d'Auguste, qui avait multiplié les

(1) L. 13, § 3 et 8. D., ht.
(2) LL. 4, 5, 6, 7, 8, 9, 11, 13, C., 9, 9.

voies d'accusation et adouci les peines. Constantin restreignit la faculté d'accuser en augmentant la gravité du châtiment. Purent seuls (1), se porter accuteurs, pendant le mariage, outre le mari, les parents mâles les plus proches, tels que le père, le frère, les oncles paternels ou maternels : et cela, afin que les mariages ne fussent pas inutilement troublés par des personnes de mauvaise foi, « ne volentibus temere « liceat fœdare connubia... Nam nonnulli... falsis con- « tumeliis matrimonia deformant (2). » Mais, après la dissolution du mariage, les *extranei* ne recouvraient-ils pas le *jus accusandi ?* — Le motif de la loi ne peut plus être invoqué ici ; nous croyons pourtant qu'il faut donner à cette question une réponse négative. La loi refuse en effet formellement ce droit aux étrangers, sans faire aucune distinction entre le moment qui précède et celui qui suit la dissolution du mariage.

Quant à la peine, Constantin renouvela la disposition en vigueur sous Alexandre-Sévère, disposition qui était, depuis, tombée en désuétude, et qui punissait de mort les coupables d'adultère, avec une restriction cependant quant à la femme. Le complice est puni de mort : « sacrilegos autem nuptiarum gladio « puniri oportet (3). » La femme subit la peine de l'exil, à moins qu'elle n'ait eu pour complice son

---

(1) L'*extraneus* peut cependant se porter accusateur dans un cas : lorsque la femme avait commis la faute avec son propre esclave. Ce dernier était brûlé, à moins cependant, qu'il n'ait lui-même dénoncé sa complice, auquel cas il recevait la liberté comme récompense.

(2) Const. 30, C., 9, 9.

(3) Même loi.

propre esclave. Elle est alors mise à mort, et l'esclave brûlé vif (1).

Les textes ne parlent plus du droit de vengeance personnelle accordé au père et au mari. Concluons-en que la femme n'était plus abandonnée à l'arbitraire et à la merci du mari ou du père.

Renchérissant encore sur la sévérité déployée par leur père, les fils de Constantin, assimilèrent l'adultère au sacrilège et au parricide, et le punirent des mêmes peines. Les coupables devaient être ensachés ou brûlés vifs : « tanquam manifestos parricidas, sa- « crilegos nuptiarum insuere culeo vivos, vel exurere « judicantem oporteat (2). » Il ne paraît pas qu'en fait ce genre de supplice ait été souvent pratiqué.

Théodose, à son tour, modifia la loi Julia. Il ordonna la plus grande célérité dans les procès en adultère, et décida qu'on ne s'occuperait des exceptions civiles, — qui autrefois formaient des *præscriptiones* devant être jugées avant le procès criminel, — qu'après le jugement complet du procès d'adultère (3). — Tous les esclaves pourront être soumis à la question, à condition qu'ils aient été dans la demeure au moment où l'on prétend que s'est accompli l'adultère (4). Nous avons vu, que la loi Julia, au contraire. fort inique sur ce point, soumettait à la question même les esclaves qui étaient à la campagne ou dans les provinces.

Autre décision nouvelle : lorsqu'il y a eu un jugement

(1) Const. un,, C., 9, 11.
(2) Const. 4, Cod. Theod., 11, 36.
(3) L. 7, C. Théod., 9, 7. .
(4) L. 4, C. Th., 9, 7.

d'adultère, que, faute de preuve, les coupables ont été absous, Théodose décide que s'ils se marient ensuite, on tiendra leur crime comme prouvé et qn'on leur infligera les peines de l'adultère.

Enfin dans un excès de zèle religieux regrettable, et où Théodose allait à l'encontre des principes de charité apportés par le Christ, cet empereur punit des mêmes peines que l'adultère, le mariage d'une personne chrétienne avec une personne de race juive (1).

Les prédécesseurs immédiats de Justinien n'apportèrent pas grand changement à cet état de choses. Signalons cependant une nouvelle pénalité à l'encontre du mari adultère, édictée par Théodose II et Valentinien III. En cas de divorce prononcé pour cause d'adultère du mari, ce dernier perdait les biens donnés à sa femme : il lui donnait le quart de ses biens, si le mariage avait été contracté sans dot ni donation.

III. *L'adultère sous Justinien*. — Nous trouvons, sous ce règne, des modifications fort sensibles à la législation antérieure. Aux instigations de son épouse Théodora, qui avait su prendre sur lui le plus grand ascendant, l'*uxorius imperator* édicta de nombreuses lois en faveur des femmes, particulièrement la Novelle 134.

Reprenant la doctrine de Constantin, Justinien ne permet au mari de répudier sa femme que si elle a été condamnée. L'a-t-il accusée à tort ? La femme pourra demander le divorce contre lui, reprendre sa dot et gagner la donation *ante nuptias*. Mieux que cela :

(1) Const. 6, C, 1, 9. *De Jud.* — Const. 2, C. *Th.* 3, 7.

elle pourra prélever sur les autres biens du mari une valeur égale au *tiers* de la donation *ante nuptias*, si le mari n'a pas d'enfant, un *sixième* seulement, dans le cas contraire. De plus, le mari *calumniator* subira le supplice qu'aurait subi la femme, si l'accusation avait été prouvée (1).

Nous trouvons encore un dernier vestige de l'ancien *jus occidendi* du mari. Soupçonnait-il quelqu'un de vouloir entraîner sa femme dans le crime, il lui donnait trois avertissements par écrit, revêtus du témoignage de trois personnes dignes de foi, « contestationes ei ex scripto tres destinaverit, habentes testimonia trium virorum fide dignorum (2). » Après cet avertissement, le suborneur ne devait pas se laisser surprendre avec elle en certains endroits déterminés par la loi, « in sua domo, aut ipsius uxoris, aut adulterii, aut in propinis, aut in suburbanis » : sinon, le mari pouvait l'immoler à son ressentiment, « esse licentiam marito propriis manibus talem perimere nullum periculum ex hoc formidanti (3). » Si le suborneur se fait surprendre en d'autres endroits, le mari prendra trois témoins pour attester le fait, et traduira l'individu devant le juge, qui peut alors le punir comme reconnu coupable d'adultère : « talem quidem *tanquam ex hoc solo* adulterii crimini subjacentem, *nulla alia ratione* quæsita punire : licentiam autem exsequi crimen (4). »

Dans la novelle 134, Justinien renouvelle la défense

<hr>

(1) Nov. 117, ch. 9 § 4.
(2) Nov. 117, ch. 15, pr.
(3) Nov. 117, *eod. loc.*
(4) Nov. 117, *eod. loc.*

pour le complice d'épouser la femme adultère, et con-
damne même à la déportation les parents de la femme
qui auraient donné leur consentement à ce mariage.
Il est interdit de plus à la femme de recevoir quoi que
ce soi par donation ou testament, de son complice : le
patrimoine de ce dernier est adjugé aux père et mère
de la femme, s'ils n'ont pas consenti au mariage.

Celui qui ne poursuit pas l'accusation dans le temps
voulu, subit la peine de l'infamie et la confiscation des
biens, si c'est une personne de distinction ; l'exil, si
c'est une personne d'humble condition.

Mais c'est à la peine que se rapportent les plus im-
portantes modifications de Justinien.

Devant la toute-puissante influence de Théodora,
Justinien déclare enfin coupable d'adultère, l'homme
qui viole la foi conjugale. De plus, il soumet désormais seul à la peine capitale, le complice de l'*adultera* ; par contre, le châtiment de cette dernière est
singulièrement mitigé. — L'*adulter* est puni de mort ;
ses biens sont confisqués, à moins qu'il n'ait des ascendants ou des descendants jusqu'au troisième degré.
Que s'il est marié, sa femme reprendra sa dot et la
donation *propter nuptias*. Au cas où il n'aurait pas
été fait de contrats dotaux, *dotalia instrumenta*, la
femme reprend *un quart* de la fortune de l'époux in-
fidèle et tout le reste passe au fisc, « si vero neque
« descendentes, neque ascendentes habeat (1). » Si *le
mari* entretient une concubine dans la maison conjugale, et qu'il ait reçu trois avertissements de ses parents, de ceux de sa femme, ou d'autres personnes

____

(1) Nov. 134, ch. 10.

honorables, « et semel et secundo culpatus, aut per
« eos, aut per mulieris parentes, aut per alias aliquas
« digna fide personas, hujus modi luxuria non absti-
« nuerit, » — sa femme peut légitimement divorcer,
garder la donation *propter nuptias*, et une valeur
égale à cette donation sur les autres biens du
mari (2). — Quant à l'*adultera*, sa position est complètement changée. Il n'est d'abord plus permis au
mari de la répudier sur un simple soupçon ; il doit,
au préalable, l'avoir accusée et l'avoir fait condamner
sur cette accusation (1). Condamnée, la femme devait,
après avoir été frappée de verges (2), être enfermée
dans un monastère. Le mari avait le droit de la
reprendre pendant deux ans, « si quidem intra bien-
« nium recipere eam vir suus voluerit, potestatem ei
« damus hoc facere (3). » Laissait-il passer ce délai,
ou mourait-il avant de l'avoir reprise, la femme était
rasée, voilée et recluse à perpétuité, « tondere eam
« et monachicum habitum accipere et habitare in ipso
« monasterio in omni propriæ vitæ tempore (4). »
Mais alors, que devenaient ses biens ? — S'il n'y a
pas d'enfants, le mari acquiert la pleine propriété de
la *donation propter nuptias* et de la *dot*, et de plus,
une partie de la fortune de la femme égale au *tiers* de
la dot. S'il y a des enfants, la propriété de ces biens
leur était dévolue, et le mari n'en avait que l'usufruit.

(1) Nov. 117, ch. 9, § 5.
(2) Nov. 117, ch. 8, § 2.
(3) « Mulierem *castigatam*. » Nov. 134, ch. 12. — Les interprètes ne sont pas d'accord sur cette question. Comp. Rein.
Op. cit. p. 853, note.
(4) Nov. 134, ch. 10.
(5) Nov. 134, *eod. loc.*

Quant aux autres biens de la femme, les deux tiers en revenaient à ses descendants, l'autre tiers au couvent ; à défaut de descendants, s'il se trouvait des ascendants qui eussent désapprouvé sa faute, ils en recevaient un tiers. et le couvent les deux autres tiers. Lorsqu'enfin, il n'y avait ni ascendants, ni descendants, ou que les premiers aient approuvé la faute de la femme, le couvent devenait propriétaire de tous les biens (1).

Telles furent les principales réformes de Justinien, en matière d'adultère. Toutes ne furent pas de longue durée, et l'on peut citer entr'autres la disposition qui prescrivait au mari de repren're sa femme condamnée, dans un délai de deux ans, sous peine pour cette dernière. de rester cloîtrée jusqu'à sa mort : jusqu'à la chute de l'Empire, les maris jouirent de la faculté de reprendre leurs femmes, quand ils le jugèrent à propos. Mais, ce qui fait l'importance des innovations de Justinien, c'est que la plupart revécurent dans notre ancien Droit, et furent adoptées par les pays de contume et de droit écrit, où elles se maintinrent longtemps en vigueur.

Nous ne trouvons plus rien de particulier à signaler sous les règnes des derniers empereurs romains, sinon la décision de Léon-le-Philosophe, qui ordonna que les coupables d'adultère seraient fouettés, rasés et auraient le nez coupé : « adulteris verberatis et ton- « sis, nares abscinduntur (2). »

(1) Nov. 117, ch. 8, § 2 et Nov. 134. ch. 10.
(2) L. 37, C. 9, 9.

TABLE DES MATIÈRES

DROIT ROMAIN

—

DE L'ADULTÈRE

DROIT FRANÇAIS

LA PROPRIÉTÉ LITTÉRAIRE

EN DROIT INTERNATIONAL

BIBLIOGRAPHIE

OUVRAGES GÉNÉRAUX

Aubry et Rau. — Cours de droit civil français.

Le Barrois d'Orgeval. — La propriété littéraire en France et à l'étranger.

Bertauld. — Questions de droit.

Blanc. -- Traité de la contrefaçon en tous genres.

De Clercq. — Recueil des traités de la France.

Clunet. — Etude sur la convention d'Union internationale pour la protection des œuvres littéraires et artistiques.

Darras. — Du droit des auteurs et des artistes dans les rapports internationaux.

Demangeat. — Histoire de la condition civile des étran- en France.

Despagnet. — Précis de droit international privé.

Fliniaux. — Législation et jurisprudence concernant la propriété littéraire et artistique.

Fliniaux. — Essai sur les droits des auteurs étrangers.

Gastambide. — Traité théorique et pratique des contrefaçons.

Laboulaye. — Etudes sur la propriété littéraire en Angleterre.

De Martens. — Traité de droit international.

Pappafava. — De la consécration par les lois positives du droit de propriété littéraire.

Pataille et Huguet. — Code international de la propriété industrielle, artistique et littéraire.

Pouillet. — Traité de la propriété littéraire et artistique.

Renault. — De la propriété littéraire et artistique au point de vue international.

Renouard. — Traité des droits d'auteur.

Sauvel. — La propriété littéraire et artistique dans les colonies françaises.

Villefort. — De la propriété littéraire et artistique au point de vue international.

Worms. — Etudes sur la propriété littéraire.

Weiss. — Traité élémentaire de droit international privé.

PÉRIODIQUES

Dalloz. — Recueil périodique de jurisprudence, de législation et de doctrine.

Sirey. — Recueil général des lois et arrêts.

Gazette des tribunaux.

France judiciaire.

Annuaire de législation étrangère.

Annuaire de l'Institut de droit international.

Journal de droit international privé (ou) **Journal de Clunet** (1).

Revue de droit international (ou) Revue de Gand.

Revue pratique.

Revue de législation (Revue Volowski).

Droit d'auteur.

Law Quaterly Review.

1) Nous le désignerons par *J. Clunet.*

INTRODUCTION

L'auteur d'un ouvrage possède un droit sur l'œuvre qu'il a produite. Ce point, fort contesté autrefois et jusque dans la première partie de ce siècle (1), est généralement reconnu aujourd'hui. Où les divergences se produisent, c'est uniquement sur la question de savoir si l'on doit voir dans ce droit, un véritable droit de propriété *sui generis*, ou bien un simple droit personnel à une rémunération quelconque. Il ne rentre pas dans notre tâche d'examiner ces différentes questions. De savantes études en ont été faites ; c'est à elles que nous renverrons ceux de nos lecteurs qui seraient désireux d'étudier le fondement philosophique du droit des auteurs sur leurs œuvres, et de comparer les divers arguments qui ont été mis en avant pour déterminer d'une façon précise la nature du droit d'auteur (2).

(1) Proud'hon, *Des majorats littéraires*, p. 71. — Carey, *Letters on international Copyright*, 1853.

(2) Reconnaissent à l'auteur un droit limité sur ses œuvres en ce sens qu'ils admettent que le travail intellectuel et les efforts de la pensée demandent une rémunération équitable : Renouard, *Droits des auteurs*, t. I, p. 433. — Gournot, *Gaz. trib.*, 5 mars 1862. — Morillot, *Législ. comp.* 1877, p. 454. — Berville, *Gaz. trib.*, 17 et 18 février 1837. — Bertauld, *Quest. prat.*, t. I, p. 184. — Mourlon, *Rev. prat.*, t. 17, p. 5 à 29, 138 à 150, 193 à 216, 401 à 424, et t, 18, p. 30 à 45. — Groz, *Rev.*

Nous croyons pour notre part que l'auteur possède sur son œuvre un droit de propriété *sui generis*, non assimilable évidemment à celui que nous avons sur des objets matériels (1).

Propriétaire de son ouvrage, l'auteur ne doit pas avoir son droit respecté seulement dans le pays qu'il habite, mais encore partout ailleurs. Toute atteinte à la propriété est un vol, et dans quelque région qu'il se commette, le vol est condamnable ; principes de justice et d'équité qui furent trop souvent méconnus dans tous les temps et dans tous les pays.

Dans quelle mesure les peuples ont-ils respecté les œuvres étrangères et le droit privé de leurs auteurs ? De quelle façon la législation française protège-t-elle le droit des auteurs étrangers

prat., t. 21, p. 533 à 550.— Tailleur, *Rev. prat.*, t. 16, p. 145, 168 — Comp. Asser, *Droit international privé*, p. 88. — Lyon Caen et Renault, *Droit commercial*, t. 2. p. 1005, n. 2.

Sont partisans au contraire d'un droit de propriété *sui generis* : Pataille, *Pat.* 1866, p. 131, 1867, p. 178. — Gastambide, *Traité de la contrefaçon*, p. 8. — Duvergier, 1866, p. 270. — Folleville, *De la propriété littéraire*, p. 11. — Fliniaux, *Droit des auteurs*, p. 64. — Laboulaye, *Revue de législ.*, février et mars 1852. — Dalloz, *Rép.*, au mot. *Prop. litt.* n° 72. — Massé, *Droit commerc.*, t. 2, p. 561. — Pouillet, *Droits des auteurs*, p. 21. — Aubry et Rau, *Droit civil français*, t. 2, p. 172. — Comp. de Martens, *Traité de droit internat.*, t. 2, p. 213.

(1) « Les législations ont dû tenir compte pour fixer les limites du droit des auteurs de deux intérêts opposés ; celui de l'auteur dont l'avantage est de conserver le plus longtemps possible la jouissance exclusive des bénéfices résultant de la publication de son œuvre, et celui de la société qui attache de l'importance à payer les ouvrages les moins cher qu'il se peut et à les voir répandus partout. » De Martens, *op. cit., loc. cit.*

Comment les conventions conclues de peuple a peuple ont-elles consacré ce droit essentiellement international de la propriété littéraire? Tels sont les divers points qu'il nous faudra examiner dans cette étude.

Après un historique de la contrefaçon des œuvres étrangères depuis l'antiquité jusqu'à nos jours, nous étudierons la position *légale* des auteurs étrangers en France, telle qu'elle ressort des textes législatifs qui se sont succédé en la matière.

Passant ensuite à l'étude de la protection qui résulte des traités passés par la France avec les autres nations, nous verrons quelle est la situation *conventionnelle* des auteurs étrangers en France ou des auteurs français à l'étranger. Nous étudierons d'une façon toute spéciale la convention conclue en 1886 entre divers pays, et connue sous le nom d'*Union de Berne* : c'est elle qui résume les derniers progrès faits par le droit conventionnel.

Enfin, un rapide exposé des vœux émis par les Congrès qui, à des époques déterminées, se réunissent pour étudier les questions littéraires, terminera ce travail.

CHAPITRE I

Nous entendons par contrefaçon internationale, le fait de reproduire une œuvre étrangère sans l'autorisation de l'auteur. Si ce vol particulier n'a pas encore cessé d'être comme tous les anciens *privilegia odiosa* que subissaient les étrangers, et qui ont disparu petit à petit, emportés par le progrès des temps et de la civilisation, (comp. Décret du 6 août 1790. — Lois du 18 août 1890, — du 15 avril 1891, — du 16 juillet 1819), si des textes positifs n'en ont pas consacré partout la suppression, il faut en chercher la raison dans les intérêts pécuniaires, auxquels il serait par là porté atteinte. Ici, comme en bien d'autres circonstances, la lutte entre l'intérêt et le devoir a trop souvent tourné au désavantage du second.

Un livre paraît en France : plaît-il à un libraire étranger d'en avoir un millier d'exemplaires dans ses magasins? Il se procure un seul volume, le fait réimprimer dans son pays, le fait tirer au nombre d'exemplaires qui lui sont nécessaires. Pas de frais de transit, pas de droits d'auteur à payer. A-t-il avec cela la chance d'avoir une main-d'œuvre moins élevée que dans un autre pays? Il pourra même arriver à faire une concurrence désastreuse à l'auteur dont il s'est ainsi approprié le travail. Et qu'importe que ce soit peu honnête! Il ne s'agit que d'un étranger, à son endroit tout est permis.

Il est pourtant de l'intérêt de tout Etat que cesse un pareil pillage. Sait-on, en effet ce qu'il arrive quand la contrefaçon internationale ayant poussé de profondes

racines, s'est bien implantée dans un pays ? — C'est
que les auteurs nationaux sont livrés à la misère, que
par suite la littérature nationale ne peut pas se développer. Il est facile de s'en rendre compte. Les éditeurs, ayant à chosir entre un manuscrit de leurs
compatriotes qu'il leur faudrait payer, et un livre
étranger qu'ils peuvent s'approprier, n'hésitent pas.
Ils prennent le livre, n'achètent pas le manuscrit.
S'ils s'avisent de faire le contraire, le prix de revient
de l'œuvre qu'ils ont achetée en manuscrit fait monter
le prix de l'ouvrage : ce dernier plus cher que la
contrefaçon de l'œuvre étrangère ne se vend pas ou
se vend peu. L'édition s'écoule mal. Toujours par
suite, un peu plus tôt ou un peu plus tard, la masse
des auteurs nationaux sera réduite à la misère. Par
conséquent, tuée dans son germe, la littérature nationale ne pourra pas naître, et, en tout cas, ne se
développera qu'avec peine. Sans doute, il se peut que
dans l'espace d'une vie d'homme ces conséquences
n'éclatent pas au grand jour, mais elles se manifes-
tent infailliblement tôt ou tard. L'histoire est là pour le
démontrer. Et si la Belgique, et l'Amérique pour ne
citer que ces deux centres de contrefaçon importants, n'ont pas eu de littérature nationale, ou en ont
vu la naissance retardée si longtemps, c'est précisément parce qu'ils ont été de grands foyers contrefacteurs. Le respect des œuvres d'autrui excite à la
création d'œuvres originales.

SECTION Iʳᵉ.

LA CONTREFAÇON INTERNATIONALE JUSQU'EN 1789.

Nous n'aurons pas de longs développements à donner sur notre question dans l'antiquité grecque et romaine. Il n'existait pas de législation protectrice du droit des auteurs nationaux ; *à fortiori* n'y avait-il rien qui protégeât les auteurs étrangers. La contrefaçon internationale eût donc pu librement s'exercer, sans avoir à compter avec d'autres juges qu'avec l'opinion publique. S'il paraît qu'en fait, elle fut peu répandue, c'est que la difficulté des communications, la cherté et la rareté du parchemin ou du papyrus, et, par dessus tout, le peu de faveur dont jouissaient près de la majorité des peuples anciens les lettres et les sciences, eurent pour conséquence nécessaire le respect des auteurs grecs et romains, par ceux qui n'étaient ni grecs ni romains (1).

Quelques faits témoignent d'ailleurs qu'en maintes circonstances, les auteurs étrangers participèrent aux hommages que les vieilles sociétés grecques et romaines portaient à ceux qui pratiquèrent le culte des belles-lettres. C'est Alexandre, ravageant la Grèce, plus de cent ans après la mort de Pindare, qui épargne la maison de ce dernier (2). Ce sont les Syracusains qui, durant la guerre de Sicile, égorgent sans pitié les prisonniers athéniens, jusqu'au moment où, les entendant réciter des vers d'Euripide, ils les

(1) Sur la contrefaçon interne, voy. Vitruve. *De architectura*, liv. 7, *præfatio*, édit. Panckoucke, p. 108. — Herodote, VII, 6. — Martial, *Epig*. I, 54. II, 20. I, 39. I, 73.
(2) Plutarque, *Vie d'Alexandre*. Traduct. Ricard, t. 2, pag. 64.

renvoient dans leur patrie ; — les Eléens qui donnent l'hospitalité à Phidias persécuté par les Athéniens. C'est Auguste enfin, qui pardonne aux citoyens d'Alexandrie, à cause de son ami le philosophe Arcas (1).

Les questions de propriété littéraire ne prirent véritablement naissance que du jour où l'imprimerie fut inventée. De ce jour seulement, la reproduction des œuvres de génie put devenir moins coûteuse : de ce jour aussi, date le véritable commencement de la contrefaçon. Et, de même que ce ne furent pas les auteurs qui, dans chaque Etat virent la loi positive reconnaître leurs droits (2), ce furent aussi les éditeurs qui pouvaient obtenir des garanties pour sauvegarder leurs droits à l'étranger. Les privilèges étaient délivrés par le Pape, l'Empereur, le roi de France, le roi d'Espagne et les Princes. En 1553, Lorenzo Torrentino publie l'édition florentine des Pandectes : il obtient des privilèges en France, à Florence, en Espagne, dans les Deux-Siciles. Mais quel mal, et que de formalités nécessaires aux éditeurs qui veulent voir leurs droits privilégiés partout ! Il faut solliciter de chaque Etat de qui on demande la protection, de nouvelles lettres patentes. Or, l'Allemagne à elle seule, comptait quelques centaines d'Etats indépendants (3).

Quant aux auteurs, ils ne pouvaient que gémir et se plaindre de voir leurs œuvres contrefaites à l'étran-

(1) Pappafava. *De la consécration par les lois positives du droit de propriété littéraire*, p. 4.

(2) Le premier privilège connu est celui qui fut accordé par le sénat de Venise en 1469, à Jean Spire, pour l'impression des lettres de Cicéron et de Pline.

(3) De Martens, *Traité de droit internat.*, t. 2, p. 206.

ger. « Que signifie ce moyen que l'un dérobe ainsi ouvertement à l'autre, et lui vole ce qui lui est propre : c'est une chose manifestement déloyale que nous sacrifions notre travail et nos dépenses et que d'autres y trouvent leur profit, et nous notre ruine ! » s'écrie Luther, dont on avait réimprimé sans son consentement les traductions de la Bible (1). — Quelques privilèges leur furent sans doute accordés. Vers 1530, Henri VIII en accorda un à Renard Wolf ; la seigneurie de Florence, à l'Arioste ; et en 1625, la France en donna un à Grotius pour son *Traité de la Paix* (2). Mais qui dit privilège, dit négation même d'un droit. Aussi, est-il vrai de dire qu'au Moyen-Age, la contrefaçon internationale nullement réprimée pouvait s'exercer à sa guise, et qu'elle ne s'en fît pas faute.

Le xviie et le xviiie siècle virent fleurir d'une façon toute spéciale cette espèce de vol particulier. La Suisse, Avignon, les Pays-Bas contrefont à l'envi les ouvrages français : fait dont se plaint en termes amers le mémoire remis par les libraires en 1764 à M. de Sartines, lieutenant de police (3).

Nombre de manuscrits français, craignant la censure (4), trouvèrent alors une généreuse hospitalité en Hollande (5). Ce fut malheureusement avec autant

(1) Œuvres de Luther, t. XI, p. 34.

(2) *Bull. lég. étrang.*, 1883, p. 535. — Nous ne citons pas le privilège accordé en 1590 à Jean Palsgrave, auteur d'une grammaire française, car l'on ne sait si ce privilège lui fut accordé comme auteur ou comme éditeur de son propre ouvrage.

(3) Darras, *Droit des auteurs et des artistes dans les rapports internationaux*, p. 140 et s.

(4) La censure avait été établie par l'art. 78 de l'ordonnance de Moulins de 1566.

(5) « La liberté de la presse contre laquelle aucun pouvoir ne prévaudra, engendra la Hollande. Là parurent le dictionnaire de Bayle, les œuvres de Rousseau, la moitié des œuvres

de complaisance que ce pays attira à lui les œuvres parues en France. Les Elzévir en particulier s'attribuèrent *le monopole* des contrefaçons françaises ; car, chose singulière, d'après la loi hollandaise, la priorité dans le délit constituait un droit pour le contrefacteur, qui n'avait plus rien à craindre de la concurrence de ses concitoyens (1). Ce n'était pas, d'ailleurs, uniquement à des œuvres françaises que donnèrent le jour les presses hollandaises, et Frédéric-le-Grand, fut l'objet d'une aventure qui ne dut point lui paraître plaisante. Ce prince avait composé durant sa jeunesse l'*Anti-Machiavel*; lorsqu'il monta sur le trône, le manuscrit en était entre les mains de l'éditeur hollandais Van Düren. Les nécessités de la politique avaient contraint Frédéric à modifier les impressions et appréciations qu'il y avait consignées, alors qu'il ne tenait pas encore le sceptre royal. Mais ce fut en vain que Voltaire s'interposa près de l'éditeur au nom de son ami le Roi de Prusse. Van Düren résista, et le livre parut.

En Irlande, même prime donnée à l'habileté dans le vol littéraire. « C'est la coutume des libraires irlandais de rivaliser entre eux à qui le premier s'emparera d'une réimpression anglaise, et heureux celui qui peut avoir un agent en Angleterre, pour en rece-

de Mirabeau, les Mémoires secrets, les œuvres mystiques des jansénistes, les gazettes libres. » Balzac, *Notes sur la propriété littéraire*, 1840.

(1) Aujourd'hui encore, lorsqu'un éditeur rencontre un livre étranger qui lui paraît avoir les qualités nécessaires pour être reproduit ou traduit, il envoie une note à la Société protectrice que les éditeurs ont formée entre eux, et qui leur garantit dans ce cas qu'aucun des confrères ne fera concurrence. (*Bull. Ass.* 1re série, n° 9, 1880, p. 60.)

voir l'ouvrage qu'on croit de bonne vente, aussitôt qu'il est imprimé ou prêt à être publié. Les auteurs anglais ne leur ont jamais contesté cette singulière propriété, et les libraires irlandais regardent entre eux la priorité comme un titre suffisant, quoique, de temps en temps, comme les journaux de Dublin l'attestent, il se trouve quelque loup qui mange son semblable (1). »

Parmi les grands centres de contrefaçon, se distinguait encore la ville de Leipzig, qui, dès avant 1789, savait fort bien quels grands profits peut retirer un contrefacteur de son peu honnête métier. Pour attirer plus de monde dans ses foires, et leur donner plus de vogue, elle allait même, dans une hypocrite habileté, jusqu'à s'interdire le droit de reproduire les livres des libraires qui viendront y prendre part; nous disons *hypocrite*, et avec raison, car, si elle ne les reproduit pas, elle les traduit. Elle garde ce qui lui est seul utile, rejette ce dont elle n'a que faire. En somme, le mal est à peu près toujours le même (2). Et tous les autres petits Etats allemands suivirent fidèlement l'exemple donné par Leipzig. En 1774 pourtant, Pütter, jurisconsulte d'Augsbourg, publiait à Gœttingue un traité sur la propriété littéraire, où il affirme qu'on doit réprimer autant la contrefaçon des auteurs étrangers que celle des auteurs nationaux.

La France elle-même succombait à la contagion de

____

(1) Lettre de Richardson, auteur de *Clarisse Harlowe*, rapportée dans Laboulaye, *Etudes sur la propriété littéraire en Angleterre*, p. 21.

(2) Le Code prussien de 1791 considère une traduction comme un ouvrage nouveau. Comp. Tissot, *Voyage au pays des Milliards*, p. 121.

l'exemple : témoin, Maillard, de Toulon, qui en 1772 donne une édition des *Pélopides*, de Voltaire, tragédie nouvelle tirée de l'édition complète paraissant alors à Lausanne. Du moins, de tels faits étaient-ils rares dans notre pays. Etait-ce affaire de tempérament national? Etait-ce au contraire que notre littérature florissante suffisait amplement aux éditeurs? Peu importe. Mais il n'existait pas de loi sur notre matière avant 1777 (1). Il est vrai que la jurisprudence des Cours et Parlements du Royaume protégeait l'auteur étranger qui avait d'abord publié son œuvre en France; elle appliqua aux œuvres littéraires le principe du *jus soli*, déclarant nationales, et à ce titre susceptibles de protection, les œuvres qui avaient vu le jour en France. Nous citerons en ce sens les décisions de la Cour du 7 décembre 1579, du 15 mars 1586 (2), et les règlements des libraires de 1618 et de 1650. Peut-être les ordonnances de 1777 eurent-elles pour effet d'accorder une protection absolue aux étrangers, qu'ils aient ou non commencé par publier leurs œuvres en France? Le vague de leurs expressions laisse planer un grand doute à ce sujet.

(1) Nous devons en effet regarder comme une mesure de police l'ordonnance du 19 juin 1717 qui prescrivait que tous les livres venant de l'étranger ne pourraient entrer dans le Royaume que par les villes de Paris, Rouen, Bordeaux, Nantes, Marseille, Lyon, Strasbourg, Metz, Amiens et Reims. — Isambert, *Rec. gén. des anc. lois franç.*, t. 21, p. 144. — Comp. Le Barrois d'Orgeval, *Prop. litt. en France et à l'étranger*, p. 133.

(2) Cet arrêt annula le privilège obtenu pour l'impression des œuvres de Sénèque par l'imprimeur Murat, qui les avait publiées de son vivant en notre pays, mais que ses héritiers avaient fait réimprimer à l'étranger.

SECTION 2e

LA CONTREFAÇON INTERNATIONALE DE 1789 A NOS JOURS

C'est de ce siècle seulement, et en particulier de la seconde moitié de ce siècle que date le véritable mouvement en faveur de la protection du droit des auteurs étrangers. Une étude détaillée de nos dispositions législatives à ce relatives, de nos traités, et surtout, de l'Union de Berne de 1886, fera l'objet des chapitres suivants. Il nous faut voir pour l'instant de quelle façon l'industrie étrangère s'est comportée à l'égard de nos œuvres nationales depuis 1789.

En Hollande et au Danemark, les ouvrages étrangers sont contrefaits. Il semble pourtant que ces deux pays n'aient pas soulevé en ce siècle de vives protestations de ceux qu'ils dépouillaient; ce qui tend à prouver que le tort fait aux intéressés n'est pas grand. Seuls, les auteurs allemands se plaignent, même de nos jours, des traductions non autorisées qui paraissent impunément dans ces pays, à leur préjudice (1).

La Belgique fut d'abord hospitalière, en prêtant ses presses pour l'impression des manuscrits qui étaient obligés de fuir la censure rétablie en France. Jusqu'en 1830, « l'index de la police parisienne fut presque le catalogue de la librairie bruxelloise (2). » Edités à Bruxelles, les pamphlets de P.-L. Courrier, les chansons proscrites de Bérenger venaient jusque dans Paris, défier la double vigilance du parquet et de la

(1) *Schriftsteller-Zeitung*, no 55, 1er avril 1887, p. 178. — *Journal de Clunet*, 1888, p. 220.
(2) Darras, p. 149.

douane française. Mais en même temps, la contrefaçon y prospérait. Une des premières victimes, Cha-
teaubriand, vit le libraire belge, lui adresser, dans un
sentiment de bonté qui devait paraître quelque peu
ironique à l'auteur du *Génie du Christianisme*, les
premiers exemplaires d'*Atala* et de *René*. Vainement
Louis XVIII adressa-t-il à ce sujet des plaintes personnelles au gouvernement des Pays-Bas. Les plaintes ne furent pas entendues.

Est-il besoin de dire que la suppression de la censure en France, ne fit pas décroître après 1830 les
impressions belges des œuvres françaises ? — Loin
de là ! Le mouvement de contrefaçon ne fait que s'ac-
centuer. Les éditeurs de Bruxelles ne se donnent
même pas la peine d'effacer les gros mots qu'ils trouvent imprimés à leur adresse par les auteurs de notre
pays. Ils rééditent tranquillement toutes les injures
qui leur sont adressées, apprenant à l'Europe qu'ils
sont tenus pour *les plus grands forbans* de l'univers.
et que la nation belge est un peuple *moitié singe,
moitié bédouin*. Que leur importe ! Les énormes
bénéfices qu'ils réalisent sont là pour cicatriser les
blessures faites à leur amour-propre. C'est à qui se
distinguera dans ce genre de commerce. De 1834 à
1838, plusieurs grandes sociétés en commandite se
fondent pour exploiter cette triste industrie (1). Et
pour ne citer qu'un exemple entre cent autres, afin
de montrer à quel degré l'on en était arrivé dans cette
rage de contrefaire, disons seulement que sur 800 ou-

---

(1) « Les Hollandais étaient protecteurs, les Belges sont
assassins. » (H. de Balzac, dans une lettre du 3 oct. 1836, t. 22
de ses *Œuvres complètes*.)

vrages dont se composait le catalogue de la maison Wahlen, 735 étaient français. Des ouvrages qui avaient eu une seule édition en France, en avaient jusqu'à 17 en Belgique. Une *Revue des Revues* paraissait à Bruxelles : elle copiait mot pour mot la *Revue des deux Mondes*, en fournissant quelques interpolations belges (1). En vain le gouvernement français s'émeut-il des progrès toujours croissants de cette coupable industrie, et, par la Loi du 6 mai 1841 (2), exclue-t-il les contrefaçons en librairie du transit accordé en principe aux marchandises prohibées. C'est une gêne légère, et rien de plus (3).

Le 22 août 1852, la France imposait (4) à la Belgique une convention d'après laquelle les auteurs étrangers jouissaient en Belgique de la même protection que les auteurs belges. Sans doute ces derniers n'étaient guère protégés ; car si depuis 1852 les réimpressions d'ouvrages français cessèrent d'exister, tous les autres abus de la contrefaçon, les traductions,

(1). Voy. *Rev. des Deux-Mondes* 1844, t. 1. p. 210 un art. intitulé, *La contrefaçon belge.* — Darras, *op. cit.* p. 150 et s.

(2) Cette loi et l'ordonnance du 13 décembre 1842 n'ayant jamais été abrogées ni expressément, ni tacitement, sont donc susceptibles de recevoir encore application.

(3) « Malgré la perfection et la sévérité de notre régime de douane, et de notre législation répressive, des flots de contrefaçon dirigés contre nos œuvres nationales pénètrent par nos frontières du Nord et inondent la France. Les publications légitimes ne sont à l'étranger qu'une sorte de spécimen, à l'aide duquel la contrefaçon sonde le terrain, provoque le succès, pour l'exploiter ensuite à son profit exclusif. » (Rapport de M. Lefranc à la Chambre des députés. *Moniteur* du 31 décembre 1850, p. 3772.)

(4) De Martens *op. cit.* t. 2. p. 219.

imitations, adoptations (1), continuèrent de se produire. — N'oublions pas, qu'avant 1852, la France aurait pu, en droit, se livrer au même commerce peu avouable. Il n'était pas de texte législatif qui protégeât alors les auteurs étrangers contre les atteintes déloyales que leur auraient faites nos nationaux. Les deux législations belge et française permettaient le même fait : seuls, les éditeurs belges usèrent de la permission (2). Etait-ce parce que nous avions une notion plus exacte de ce que commande le respect du bien d'autrui? Etait-ce parce que nous ne pouvions rien prendre à qui n'avait rien ? — Le fait est que, dans ces temps où le droit des auteurs fut à peu près partout (3) si profondément méconnu, ce fut surtout la littérature française qui servit d'alimentation à la contrefaçon.

Fidèle à ses vieilles habitudes, la ville de Leipzig,

(1) L'adaptation est le *travestissement* d'une œuvre, soit par des retranchements, soit par des changements de texte et d'intentions, soit par des additions, à seule fin de s'approprier l'œuvre sans paraître la traduire ou la contrefaire.

(2) Renault. *De la propriété litt. et artist. au point de vue internat.*, p. 7.

(3) « Ecoutez : un marchand envoie-t-il une balle de coton du Hâvre à Saint-Pétersbourg, si quelque mendiant monté sur une barque y touche, ce mendiant est pendu. Pour obtenir un libre passage en tout pays à ce ballot, à ce sucre, à ce papier blanc, à ce vin, l'Europe entière a créé un droit commun. Si quelque vaisseau marchand est pris, l'alarme est grande, on court sus au livre, il est avidement recherché, il est saisi dans ses langes, dans ses épreuves... Ainsi pour le difficile produit de l'intelligence, le droit commun est suspendu en Europe. » (De Balzac, *Œuvres complètes*, t. XXII, p. 211). — Et M. Fœlix, *Traité de droit internat.* n° 568, écrivait en 1843 : « Il est généralement admis qu'un pays étranger peut impunément violer la propriété littéraire par la voie de la contrefaçon, à moins de lois expresses ou de traité de nation à nation. »

au commencement de ce siècle, s'ingéniait à dépouiller nos concitoyens dans le domaine littéraire. Il ne semble pas, d'ailleurs, que les traités conclus avec l'Allemagne aient mis complètement fin à pareille manière d'agir. Et si nous en croyons M. Tissot, dans son *Voyage aux Pays annexés*, M. Poetz, libraire à Naumbourg, publierait une *Bibliothèque choisie* qu'il compose des romans d'Alexandre Dumas, de Th. Gautier, de G. Sand, de Sandeau, de P. de Kock ou d'About, et d'autres encore. A Bielfeld, MM. Vilhagen et Klasing publient sans autorisation un *Théâtre français* qui est un choix de nos pièces nouvelles. Leipzig aurait donc fait bonne école !

L'Angleterre, de son côté, s'est adonnée à une espèce particulière de contrefaçon. A la faveur d'une loi interne qui ne protège pas les auteurs étrangers contre l'adaptation, quantité de romans français furent changés en pièces de théâtre, et réciproquement, les pièces de théâtre qui, modifiées, pouvaient devenir d'attrayants romans étaient certaines de trouver de complaisants interprètes au-delà du détroit. La situation, aujourd'hui encore est telle : l'auteur (qu'il soit national ou étranger) n'a pas en Angleterre le droit de transformer lui-même son œuvre. Mais aucun livre français ne s'y réimprime (1).

Traduction de romans étrangers — français, anglais et allemands, — représentation sur les théâtres de pièces françaises, voilà sous quelle forme se présente la contrefaçon en Russie. En 1878, au Congrès litté-

____

(1) Peut-être cela tient-il à ce que la main-d'œuvre est plus chère en Angleterre qu'en France. — Comp. Renault, *Op. cit.*, p. 9.

raire tenu à Paris, le célèbre romancier russe Tour-
guéneff apprit (1) que les traductions d'ouvrages français, allemands, anglais jouent un très grand rôle
dans la librairie russe, et servent de gagne-pain à un
grand nombre de jeunes gens. La littérature nationale, bien qu'illustrée déjà par de célèbres représentants, ne suffirait pas encore, paraît-il, à satisfaire les
besoins intellectuels du peuple russe. Les œuvres
musicales et dramatiques de leur côté, ne sont que
trop souvent représentées sur les théâtres russes qui
se les approprient, sans indemniser le moins du
monde les auteurs français. Aussi ces derniers, pous-
sés par une sage prudence, évitent-ils parfois de faire
imprimer leurs pièces; de cette façon leurs droits se
trouvent au moins en fait sauvegardés.

Comme foyers de contrefaçon, signalons encore la
Turquie et l'Egypte. A cela rien d'étonnant. D'une
part le petit nombre des écrivains de la Sublime-Porte;
de l'autre, la composition de l'Etat égyptien, où se
trouvent représentées toutes les nations européennes
suffisent à expliquer une telle situation dans des pays
où ne règne d'ailleurs qu'une notion assez vague de
ce que commande la justice. Depuis quelques années
cependant, l'Egypte manifeste une tendance marquée
à réagir contre ce genre d'industrie (2).

(1) Renault, p. 40.
(2) Le 8 mai 1889, la Cour d'appel d'Alexandrie rendait, au
profit de la *Société des gens de lettres* contre *The Egyptian
Gazette*, un arrêt consacrant le droit de propriété littéraire :
et pourtant l'Egypte n'a pas de loi interne ni de traité qui
consacre un tel droit. Cet arrêt fait honneur à ceux qui l'ont
rendu, et bien des tribunaux européens pourraient s'inspirer
des principes qu'il consacre. «... Attendu que le défaut de
toute loi spéciale en Egypte, ayant pour objet de déterminer
les conditions de la protection et de la garantie de ce droit

Dans l'Extrême-Orient, la propriété littéraire et artistique n'est également ni reconnue par la loi, ni garantie par les traités internationaux (1).

Quant au principal pays du Nouveau-Monde, aux Etats-Unis d'Amérique, il semble qu'ils soient voués d'une façon toute spéciale à la contrefaçon. Pour ce pays, ce fut une industrie comme une autre, dans laquelle il a voulu tenir la tête de toutes les nations : nul ne sera tenté de lui contester le triste privilège d'y avoir réussi. C'est à qui de ses ressortissants commettra plus à fond « le péché national du vaste vol littéraire (2). » Ils réimpriment les livres français et allemands sans même se donner la peine de les traduire, car ils parlent presque tous le français, et il y a là-bas quantité d'émigrants allemands. L'examen d'un seul numéro des écrits périodiques paraissant en

(de propriété littéraire), ne saurait avoir pour conséquence de le détruire dans son principe, mais uniquement de le placer, par l'application de l'art. 36 du règlement d'organisation judiciaire pour les tribunaux mixtes en Egypte, sous la sauvegarde du droit naturel et de l'équité ;

Attendu que ceux-ci réclament le respect de toute propriété d'autrui et par suite celui de la propriété artistique et littéraire ;...

... Attendu qu'on objecterait vainement que l'achat d'un exemplaire d'une œuvre littéraire donne droit à l'acheteur de le reproduire ;

Que ce dernier n'acquiert qu'un droit de jouissance personnelle, et non pas celui de la reproduction, dans un but de lucre, de l'ouvrage acheté :

Que ce principe posé, il importe peu que l'abus se produise sous la forme d'une véritable contrefaçon, ou sous celle de la reproduction dans un journal quotidien ou dans une publication périodique... » *Chronique de la Société des gens de lettres*, n° de juin 1889, p. 146.

(1) *J. Clunet*. 1887, p. 72.

(2) Conférence faite le 12 février 1888 à Washington, par M. le pasteur Van-Dyke de New-York. — *Droit d'auteur*, mars 1888, p. 26.

langue allemande, dans les Etats de Californie, de Massachusetts, Michigan, New-Jersey, New-York, Ohio, Orégon et Pensylvanie a révélé en 1885, *trois cent quarante-sept* contrefaçons aux dépens de l'Allemagne. Aussi s'explique-t-on l'énergie de l'expression dont se servent les Allemands à l'endroit de l'Amérique « amerikanische Freibeuterei », la piraterie américaine (1) ! — Ce ne seront pas les auteurs anglais qui sur ce point démentiront leurs confrères d'Allemagne. Leurs ouvrages sont également l'objet d'une attention toute particulière de ces Américains qui parlent la même langue, et ont les mêmes goûts littéraires que les habitants de l'ancienne patrie qu'ils ont quittée. Et ici, la situation est d'autant plus anormale que pour avoir la protection de la loi anglaise, les Américains n'ont qu'à publier leurs œuvres pour la première fois en Angleterre, ce pays protégeant toutes les productions littéraires qui y paraissent (2).

Les Etats-Unis invoquent un curieux motif juridique pour essayer de colorer d'un semblant de raison cette « piraterie ». Le livre, disent-ils, n'entre pas dans le commerce tel qu'il est sorti des mains de l'auteur, mais, à sa confection, ont contribué le fabricant de papier, le fondeur de caractères d'imprimerie, l'imprimeur, le relieur, et beaucoup d'autres personnes dans le commerce (3).

Et quelle célérité dans le vol ! Dans les vingt-quatre heures de son apparition à Paris, *Sarah Barnum* de

(1) *J. Clunet*, 1886, p. 435.
(2) C'est ce qu'ont fait entre autres le romancier Hautorne, et l'historien Mathey.
(3) *J. Clunet*, 1884, p. 444.

Marie Colombier était traduit et contrefait en Amérique. Mieux encore : la reine Victoria faisait paraître un nouveau livre en février 1884. Des correspondants envoyés en Angleterre par les libraires américains, télégraphiaient à ces derniers le livre paru. En vingt-quatre heures, tout était télégraphié : l'impression se faisait au fur et à mesure de l'arrivée des dépêches, et au bout de douze heures, le livre était mis en vente (1)! L'on comprendrait mal ce désir d'arriver si vite, si l'on ne savait que, d'après une convention intervenue entre les libraires, convention qui d'ailleurs tombe peu à peu en désuétude, le libraire qui le premier a publié l'ouvrage, jouit d'un véritable monopole. Ici encore la priorité dans le délit, constitue un droit pour le plus habile. C'est ce qu'ils appellent le *Courtesy copyright* (2).

Faut-il ajouter que les œuvres dramatiques, au point de vue du droit de réprésentation, ne sont pas mieux respectées que les œuvres littéraires? Un jugement de la Cour fédérale du 19 mai 1885 (3), déclare qu'une œuvre dramatique doit être considérée comme tombée dans le domaine public, tant au point de vue de la représentation qu'au point de vue de la vente, par ce seul fait qu'elle a été dans le pays d'origine imprimée et mise en vente. Mais, si les auteurs dramatiques étrangers ne font pas imprimer leurs pièces, afin d'avoir la faculté de traiter ensuite

(1) Darras, p. 143.

(2) Le mot *copyright* signifie ce qu'on appelle en France *la propriété littéraire;* — en Allemagne, *uhrheberrecht;* en Italie, *diritti degli autori;* en Espagne, *propriedad intellectual,* etc...

(3) *J. Clunet,* 85, p. 476.

de gré à gré avec un directeur de théâtre américain, leur pièce ne pourra plus leur être volée ! Il n'en est rien, si nous en croyons la *Deutsche Presse* (1888, n° 11), qui écrit textuellement : « Des sténographes américains — short hand writers — à l'écriture et aux doigts longs, pénètrent, armés de crayons dans les théâtres allemands, pour jeter sur le papier un drame ou une comédie représentée pour la première fois et n'ayant pas encore paru dans le commerce de la librairie. La pièce ainsi volée, et naturellement mutilée par suite de nombreuses erreurs dans l'audition et dans l'écriure est traduite en anglais, arrangée munie d'un titre différent pour donner le change aux citoyens d'un pays lointain, et envoyée à New-York. où elle est jetée dans le gouffre du géant qui dévore tout : le public. »

Depuis quelques années pourtant, la contrefaçon semble subir un léger mouvement de recul dû à deux raisons principales ; — à ce qu'elle y est devenue moins lucrative, à raison du nombre considérable de ceux qui s'y livrent ; — et à ce que les écrivains du pays, écrasés par une concurrence ruineuse, demandent qu'on protège le droit des auteurs étrangers (1). Nous aurons à revenir sur le puissant mouvement protectioniste qui s'est fait jour aux Etats-Unis : disons de suite qu'il n'a pas encore produit de résultat immédiat.

Ce simple exposé de faits, en nous montrant la triste situation des auteurs étrangers dans les différents pays qui ne possèdent pas une législation justement protectrice de leurs intérêts, nous fait com-

______
(1) *J. Clunet*, 1888, p. 223.

prendre l'importance qu'il y a pour un auteur étranger à voir ses droits reconnus, soit par la loi interne des autres Etats, soit par les traités conclus entre ces derniers et la nation à laquelle il appartient.

Nous allons envisager maintenant la *situation légale* de l'auteur étranger en France, quant aux droits qu'il peut posséder : il faut connaître le droit commun avant d'étudier le droit conventionnel.

CHAPITRE II

PROTECTION LÉGALE DU DROIT DES AUTEURS ÉTRANGERS
EN FRANCE

SECTION Iʳᵉ

Etat de la législation de 1789 *à* 1852.

La Révolution de 1789, en supprimant tous les pri-- vilèges alors existants, enlevait par cela même aux auteurs les seules garanties qu'ils pouvaient obtenir, puisqu'ils ne pouvaient trouver une apparence de pro- tection que dans les privilèges obtenus du Roi. Mais les lois du 13 janvier 1791 et 17 juillet 1793 vinrent bientôt consacrer le droit exclusif des auteurs d'écrits en tous genres à la réimpression de leurs œuvres, et le droit des auteurs dramatiques à la représentation exclusive de leurs pièces (1). En voici les principales déclarations. « Les ouvrages des auteurs vivants ne « pourront être représentés sur aucun théâtre public, « dans toute l'étendue de la France, sans le consen- « tement formel et par écrit des auteurs, sous peine

(1) Cass. 5 décembre 1843. — D. 1844-1-11.

« de confiscation du produit total des représentations
« au profit des auteurs. » Art. 3, L. 13 janvier 1791.
Et l'article 1 de la loi de 1793 portait : « Les auteurs
« d'écrits en tous genres, les compositeurs de mu-
« sique, les peintres et dessinateurs qui feront graver
« des tableaux et dessins, jouiront, durant leur vie
« entière, du droit exclusif de vendre, distribuer leurs
« ouvrages dans le territoire de la République, et
« d'en céder la propriété en tout ou en partie. »

Applicables au Français qui publiait son œuvre en
France, ces lois l'étaient-elles également, soit au
Français qui éditait à l'étranger, soit à l'auteur étranger qui faisait paraître son œuvre ou dans son propre
pays, ou en France? — Pour la simplicité de l'exposition, il nous faut successivement examiner ces trois
hypothèses.

1. *Auteur français ayant publié son œuvre à
l'étranger.* — La question fait doute, et certains auteurs soutiennent que « la publication par un Français
d'une œuvre à l'étranger ne lui enlève pas sa qualité
de national » et que précisément « les lois françaises
sont faites pour des Français (1). » — Nous croyons
pour notre part que ces lois de 1791 et de 1793 ne
tenaient aucun compte de la nationalité de l'auteur et
entendaient protéger seulement les ouvrages *publiés
en France* pour la première fois. Sans doute, la loi de
1793 n'impose aucun lieu pour la première publication
de l'œuvre. Mais d'une simple lecture de tous ses articles faite sans parti pris, il ressort jusqu'à l'évidence
qu'elle tient uniquement compte du lieu de la publi-

______

(1) Darras, p. 241. — Dalloz, Répertoire, *Prop. litt.*, n° 330.
Pataille, *Code internat.* p. 45.

cation. Elle consacre le principe de la territorialité ,
exclut celui de la nationalité de l'auteur. De quoi,
d'ailleurs aurait pu se plaindre l'auteur français qui,
sans nul souci de sa patrie, a fait profiter un pays
étranger de ses découvertes ou de ses compositions (1) ? — Nous ne pensons même pas (2), qu'en
publiant à nouveau en France, le livre qu'il aurait fait
paraître à l'étranger, l'auteur français recouvrerait la
protection de la loi. Par le fait de sa première publication, son ouvrage est tombé dans le domaine public ; il n'en peut plus sortir (3). En sens inverse,
l'auteur qui a d'abord publié son œuvre en France
est-il déchu de ses droits par le fait d'une publication
ultérieure à l'étranger? Assurément non ; rien dans la
loi ne fait allusion à une telle déchéance. Les raisons
particulières qui commandaient une solution contraire,
en matière de brevets d'invention, quand un individu
breveté en France, se faisait ensuite breveter à l'étranger, — on craignait alors que l'étranger pût connaître
nos secrets industriels, — n'existent plus ici.

2° *Auteur étranger publiant son œuvre en France.*
— Le silence gardé par les lois sur ce point devait-il
s'interpréter dans un sens favorable ou contraire à
l'étranger? C'est le premier parti qui était générale-

(1) Renault, p. 6. — Renouard, *Droits d'auteur*, II, n° 73. —
Cass. 25 juillet 1887, *J. Clunet*, 1888, p. 267. — Comp. le
rapport de M. Lepelletier, cons. à la cour de Cassation dans
l'affaire Grus, c. Ricordi. *J. Clunet*, 1888, p. 251.

(2) Nous ne tirerons pas un argument d'analogie de l'art. 16,
al. 4 de la loi du 7 janvier 1791, qui édictait la déchéance contre l'individu qui breveté en France, se faisait délivrer un
brevet d'invention à l'étranger. Il n'y a pas d'analogie dans les
deux hypothèses.

(3) Renault, p. 6. — *Contrà*, Merlin, Quest. *Prop. litt.*, 2. —
Cass. 20 juin 1818.

ment suivi, « car il s'agissait de défendre en France une œuvre qui y était née. L'auteur en l'y publiant, s'était soumis à notre législation ; son œuvre contenait-elle certaines vivacités ou grossièretés, nos tribunaux lui appliquaient des peines sévères. Pouvant à l'occasion subir la rigueur de nos lois, il était juste qu'il pût en réclamer le bénéfice, qu'il put les invoquer pour poursuivre les contrefacteurs. On ne saurait diviser une législation ; celle qui prétend vous punir, doit vous protéger (1). » On ajoute que par le fait de sa première publication en notre pays, l'œuvre était française et qu'on ne concevrait pas « qu'une loi française ait pu ne pas protéger une œuvre française. » — Ce qui est vrai, c'est que la loi ne songeait vraisemblablement pas aux étrangers. Mais, dans son silence, il faut l'interpréter d'après l'esprit du législateur de l'époque. Or l'esprit si humanitaire — sous certains rapports du moins, — de l'époque révolutionnaire commande la solution favorable aux droits de l'étranger : ce dernier était donc protégé par nos lois contre la contrefaçon, lorsqu'il avait publié son œuvre en France (2).

3° Auteur étranger publiant son œuvre à l'étranger. — L'auteur n'avait en ce cas, droit à aucune protection. La protection de notre loi ne pouvait s'ap-

(1) Darras, p. 223.
(2) Renault, p. 4. — Gastambide, p. 91. — Renouard, t. 2, p. 206. — Demangeat, *Histoire de la condition civile des étrangers en France*, p. 332. — Fœlix, *Revue de législation*, 1844, p. 760. — Merlin. Quest., *Prop. litt.*, 2. — Clunet, *Etude sur la Convention d'union internationale.* Paris, 1887, p. 7. — Cass. 23 mai 1810 — Sir. 11-1-16. — Cass. 20 août. 1852 — Dal. 52-1-335.

pliquer et d'après son texte, et d'après son esprit (1),
qu'à l'œuvre parue sur le territoire français. L'article 426 du Code pénal fournit à cette opinion un argument des plus puissants, puisqu'il ne punit que
« l'introduction d'ouvrages qui, *après avoir été imprimés en France*, ont été contrefaits à l'étranger. »

On a répondu (2) qu'il n'était pas possible d'inter-
prêter une loi de 1793, par un texte de 1810. C'est
possible : mais l'article 426 du Code pénal n'est pas
nécessaire au soutien de notre opinion. Il est manifeste
que les termes des lois de 1791 et de 1793 excluent
de leur protection toutes œuvres parues à l'étranger (3).

Vint le Code civil. Dût-on penser que le droit d'auteur constituait un de ces droits civils, dont le bénéfice

(1) « La propriété, juste récompense du génie ou des efforts
de l'auteur, est la compensation des avantages, quelquefois
même de la gloire dont la publication a doté le pays. Le système contraire causerait à l'industrie des gênes et des dangers
sans dédommagement d'aucun genre pour la société, » dit fort
justement la Cour de Paris, dans un arrêt du 22 novembre
1853, D. 54-2-161.

(2) Darras, *loc. cit.*

(3) Renault, p. 5. — Renouard, t. 2, p. 176. — Calmels, *Propriété et contrefaçon*, p. 500. — Cass, 17 nivose, an XIII, S.
2-1-53. — *Contrà* : E. Blanc, *Traité de la contrefaçon*, p. 35.
— Darras, p. 225.

Les fréquents bouleversements de territoires, suites des
guerres du Premier Empire, donnèrent à cette époque naissance à une question spéciale : Fallait-il appliquer les peines
des lois de 1791 et 1793 au libraire qui a contrefait un ouvrage
français en pays étranger, lorsque, par le fait de l'annexion
de ce pays à la France, il a continué à débiter en France, l'ouvrage contrefaisant ? Ce n'est pas douteux, et, par exemple,
était punissable, le libraire belge qui ayant contrefait l'ouvrage d'un de nos nationaux avant la réunion de la Belgique
à la France, avait mis en vente les exemplaires contrefaisants
après l'annexion. — Cass. 29 thermidor an II, S. 4-1-33. — Cass.
29 frimaire an XIV, S. 6-1-157.

serait surbordonné à la condition de la réciprocité diplomatique, suivant l'interprétation généralement adoptée de l'article 11 du Code civil? Fallait-il, au contraire, donnant une large interprétation à l'article 11, dire que les étrangers devaient être uniquement privés des droits qui leur étaient enlevés par un texte formel, qu'ils devaient donc recevoir la même protection que nos nationaux (1)? — Quoiqu'il en soit, les tribunaux se rallièrent à la première opinion et, en vertu des articles 11 et 13 C. c. strictement interprêtés, refusèrent toute protection aux auteurs étrangers.

C'est pour remédier à cette situation que fut édicté le Décret du 5 février 1810 (2), dont l'article 40 portait : « Les auteurs soit nationaux, soit étrangers de tout ouvrage imprimé ou gravé peuvent céder leur droit... à toute personne qui est alors substituée en leur lieu et place pour eux et leurs ayants-cause. » De ce fait que l'étranger pouvait céder un droit de propriété littéraire, il faut conclure nécessairement qu'il s'en trouvait lui-même investi. Sans cela, le cessionnaire aurait eu plus de droits que son cédant, ce que ne permettent ni les principes généraux, ni même les expressions du Décret précité « *substitué au lieu et place.* »

Bien que ce texte législatif pût sembler très général, et n'exigeât pas que la publication ait lieu en France, la jurisprudence cependant continua à ne protéger que les auteurs étrangers ayant d'abord publié leurs

____

(1) Merlin, *loc. cit.* — Valette. *Explication du livre Ier du Code civil*, p. 415.

(2) On a soutenu que ce décret n'était pas valable : en fait, il fut toujours appliqué.

œuvres en France. Avec raison, ce nous semble. Il ne faut pas, en effet, oublier les dispositions de l'article 426 Cod. pén., il prouve, d'une façon implicite, mais très formelle, par les termes qu'il emploie, que le législateur de 1810 entendait protéger uniquement les ouvrages parus sur notre territoire (1). — Dès que cette condition était remplie, l'auteur étranger avait le droit de s'opposer à l'introduction en France, d'une reproduction ou traduction étrangère, de les faire saisir à la douane, et de s'opposer non seulement à l'introduction en notre pays, mais même à la réexportation (2).

Le Décret ne faisait aucune allusion aux œuvres dramatiques et musicales. Malgré quelques controverses, la doctrine et la jurisprudence admirent généralement qu'elles n'étaient pas protégées (3).

En résumé, jouissaient seuls de la protection de nos lois les auteurs étrangers publiant leurs œuvres en notre pays (4), ce qui revient à dire que les étrangers n'étaient aucunement protégés, car, en fait, surtout à une époque où les communications étaient encore difficiles, la presque totalité des auteurs

(1) *Civ. rej.* 23 mars 1810, *Sir.* 11-1-16. — Renouard, t. 2, p. 206. — *Contrà.* Darras, p. 230.

(2) *Seine*, 23 avril 1857, *Pat.* 57, p. 170. — C. de Paris, 10 janvier 1859, *Pat.* 59, p. 396.

(3) Pataille et Huguet, p. 40. — Renouard. t. 2, p. 241. — Duranton. t. 14, n° 132. — Un avis du Conseil d'Etat (*Locré*, t. 9, p. 20), décide formellement que « le décret de 1810 n'avait pas innové en matière d'œuvres dramatiques et musicales. » *Contrà*, Pouillet, n° 135. — C. de Paris, 1872. Cass. 11 mars 1873. *Pat.* 73, p. 209.

(4) V. Rapport — du ministre de la justice à l'Empereur, — précédant le décret de 1852. Ch. Constant : *Code général des droits d'auteur*, p. 160, n° 1.

étrangers ne songeaient guère à publier leurs œuvres autre part que dans leur pays.

Et, comme un état de choses presque identique régnait dans toute l'Europe, l'on sait quelle triste situation était faite à un auteur national hors des frontières de sa patrie. Pas de protection, pas de sécurité! Une commission est nommée le 18 octobre 1836 (1) par le ministre de l'instruction publique, « à l'effet de rechercher tous les moyens propres à prévenir les inconvénients de la contrefaçon des livres français à l'étranger, soit par des mesures législatives, soit à l'aide de négociations avec les puissances étrangères. » Dans ses conclusions (2), la commission constate que, si l'on veut voir les livres français protégés à l'étranger, il faut, de notre côté, protéger chez nous les auteurs étrangers. En conséquence, un projet de loi est déposé en 1839 à la Chambre des

(1) Renault, p. 8. — C'est pour la première fois que le gouvernement s'occupait de régler une question de propriété littéraire internationale. Sans doute une *commission de la propriété littéraire*, était nommée le 2 novembre 1825 (*Moniteur* du 14 décembre 1825, p. 1650), commission où se rencontraient les esprits les plus cultivés et les plus brillantes intelligences, de la Rochefoucauld, Lally-Tolendal, Portalis, Royer-Collard. de Vatimesnil. Villemain, etc., etc. Mais elle n'avait qu'une mission, rechercher et préciser les améliorations dont la législation sur la propriété littéraire interne pouvait être susceptible. Son rôle était de simplifier les lois existantes et de les codifier en les coordonnant. C'eût été assurément un réel progrès législatif, qui peut-être aurait eu un contre-coup au point de vue international, s'il est vrai, selon l'expression de M. Fliniaux, que le droit international ne puisse s'établir d'une façon utile qu'après que les lois de chaque nation auront élucidé pour leurs nationaux les questions qui les concernent. Le projet de loi voté par la commission fut d'ailleurs rejeté par la Chambre des députés.

(2) *Moniteur* du 20 février 1837.

Pairs. L'art. 18 (1) disposait : « Tous ouvrages en langue française ou étrangère publiés pour la première fois à l'étranger, ne pourront, soit du vivant de l'auteur, soit après sa mort, avant l'expiration d'un terme fixé par les traités, être réimprimés en France sans le consentement de l'auteur ou de ses ayants-droit. — Toute réimpression desdits ouvrages en contravention à cette défense sera réputée contrefaçon et punie des mêmes peines. — Cette disposition sera exclusivement appliquée à l'égard des Etats qui auront assuré la même garantie aux ouvrages en langue française ou étrangère, publiés pour la première fois en France. » Ce projet consacrait donc la propriété littéraire des étrangers sous la condition de réciprocité. MM. Villemain, de Gérando (2) — et Balzac en 1840 — défendirent cette idée qu'avaient admise la Prusse, la Saxe, l'Autriche et l'Angleterre.

Bien que séduisant au premier abord, ce système de protection sous condition de réciprocité n'est pas pratique, il faut en convenir. Pour qu'il y ait réciprocité, en effet, par suite, pour que la loi nationale s'applique aux étrangers, un Etat peut toujours exiger que les lois de l'autre pays s'accordent absolument avec les siennes, même dans les détails de l'application. « Nous en donnerons (3) un exemple saisissant, emprunté à Klostermann (*das geistige Eigenthum.* — Berlin 1871, 1er vol, § 9). La loi prussienne du 12 juin

---

(1) *Revue Fœlix*, VI, p. 676 et s.

(2) « La contrefaçon ne cesse pas d'être odieuse, parce que la victime n'est pas notre compatriote. Elle est une sorte de piraterie, d'armement en course qui ne sauraient être tolérés qu'en état de guerre. »

(3) Renault, p. 11. — Comp. de Martens, t. 2, p. 201.

1837, art. 38, établissait le principe de la réciprocité ;
cependant l'auteur cité n'admet pas que les auteurs
français aient pu invoquer cette disposition, quoique
la France, par le décret du 28 mars 1852, eût assuré
pleinement aux œuvres étrangères la même protection qu'aux œuvres nationales, sous la seule condition d'un dépôt de deux exemplaires ; cette condition
excluait l'application de la loi prussienne, puisque par
là il n'y avait plus identité dans les hypothèses où la
propriété était protégée. » Le projet de 1839 n'aboutit pas (1).

Lamartine en 1841, la Société des gens de lettres
et la Société des libraires en 1843 et 1844, Saint-Marc
Girardin (2) demandaient énergiquement qu'on recon-
nût le droit des auteurs étrangers légalement, sans
condition.

Mais le gouvernement semblait vouloir suivre une
autre voie, en se plaçant sur le terrain des **traités
diplomatiques**. Il ne pouvait cependant oublier que

(1) L'un des membres de la commission qui contribuèrent
le plus à le faire rejeter, fut Victor Cousin, aux yeux de qui,
les auteurs étrangers ne méritaient aucune protection, si l'on
en juge du moins par les paroles suivantes : « Que devons-
nous à l'auteur d'un ouvrage publié à l'étranger? Ou je
m'abuse étrangement, ou nous ne lui devons rien, absolument
rien. Ici la question de justice n'existe pas... Je demande s'il
y a quelque principe de morale qui s'oppose à ce que dans un
pays étranger, par exemple sur les bords de l'Ohio ou de la
Plata, on réimprime avec les presses de son pays, ce qui a
été imprimé primitivement à Londres ou à Paris, avec les
presses anglaises ou françaises. J'ai lu les moralistes, et je
n'ai point rencontré de tels principes... *La contrefaçon
étrangère est l'usage d'un droit naturel!* » — *Moniteur*, 1839,
p. 818.

(2) « Le droit de contrefaçon est en quelque sorte le droit
d'aubaine appliqué aux vivants. »

beaucoup demandaient les mesures les plus libérales
et les plus larges. C'est ainsi que dans son rapport
sur la convention franco-sarde, M. Vivien, disait à la
Chambre des députés (1) : « On a souvent proposé
de proclamer en France le droit des auteurs étrangers, et de leur accorder la protection même dont
jouissent les nationaux. C'est le vœu des gens de
lettres exprimé par leurs délégués, et de la librairie
française elle-même, bien que quelques maisons se
livrent à la publication des livres étrangers. Ce serait
aussi notre disposition. La Belgique s'arme contre
nous de notre propre législation qui ne punit point la
réimpression des livres étrangers en France, et notre
loi donnerait un noble exemple en consacrant spon-
tanément et indépendamment de toute réciprocité (2),
les droits de tout auteur, national ou étranger. »
Mêmes idées contenues dans un rapport de M. Victor
Lefranc (3), et dans celui de M. Barthelémy Saint-Hi-
laire, sur la convention franco-portugaise. Nous lisons
dans ce dernier (4) : « Je voudrais que le gouvernement français s'honorât en consacrant en France le
droit des auteurs étrangers, comme on garantit les

(1) *Moniteur*, 1844, p. 2343.
(2) *Adde* les paroles de M. Lherbette (*Moniteur* 1845,
p. 933) : « Pour punir chez nous le vol commis au préjudice des
auteurs étrangers, est-il nécessaire que les gouvernements
étrangers en agissent de même à l'égard de nos auteurs? La
condition de réciprocité pour l'établissement d'un principe
moral! La morale ne serait plus une vertu, un devoir, mais
un marché! »
(3) *Moniteur*, 31 décembre 1850 : il faut poursuivre « spon-
tanément et sans condition toute contrefaçon dans notre
pays, sans aucune distinction entre les œuvres nationales et
étrangères. »
(4) *Moniteur*, 1er juillet 1851.

droits des auteurs nationaux. J'ajoute que ce serait non-seulement une excellente mesure, et même une mesure honorable pour le caractère national, mais qu'en même temps nous porterions un tort très léger à l'industrie coupable qui vit encore chez nous de ces profits illicites, et qui d'ailleurs mérite peu de ménagements. *Quand nous aurons commencé par déclarer que la contrefaçon chez nous est un délit puni par les lois, je crois que nous obtiendrons beaucoup plus facilement des gouvernements qu'ils l'abolissent chez eux.* » Ces derniers mots étaient une réponse aux craintes formulées par certains esprits — M. Guizot, entre autres, — qu'effrayaient les conséquences possibles de la reconnaissance sans condition aucune du droit des auteurs étrangers. Il est absolument impolitique, disaient-ils, de vouloir tout accorder aux nations étrangères, alors qu'en échange, on ne spécifie rien en notre faveur. Soyez sûrs, que n'ayant plus rien à désirer, les nations étrangères prendront fort peu souci de nous accorder quelque chose. Donnant, donnant; voilà le principe qui doit toujours guider les gouvernements dans leur attitude vis-à-vis des puissances étrangères.

Au milieu de toutes ces discussions, qui avaient bien diminué devant les événements politiques de 1848, parut le Décret-Loi du 28 mars 1852, qui, sans aucune condition, accordait en principe la même protection aux auteurs étrangers qu'aux auteurs français.

SECTION IIe

DÉCRET DU 28 MARS 1852

En voici le texte :

ARTICLE PREMIER. — La contrefaçon sur le territoire français d'ouvrages publiés à l'étranger, et mentionnés en l'art. 425 C. P., constitue un délit.

ART. 2. — Il en est de même du délit de l'exportation et de l'expédition des ouvrages contrefaits. L'exportation et l'expédition de ces ouvrages sont un délit de la même espèce que l'introduction sur le territoire français d'ouvrages, qui, après avoir été imprimés en France, ont été contrefaits chez l'étranger.

ART. 3. — Les délits prévus par les articles précédents seront réprimés conformément aux articles 427 et 429 du Code pénal.

ART. 4. — Néanmoins la poursuite ne sera admise que sous l'accomplissement des conditions exigées relativement aux ouvrages publiés en France, notamment par l'article 6 de la Loi du 19 juillet 1793.

Cet acte considérable du Prince-Président, de celui-là même qui en 1844 écrivait : « L'œuvre intellectuelle est une propriété comme une terre, comme une maison », fut peu critiqué (1). Tout le monde applaudit à cette noble disposition qui faisait passer la justice avant l'intérêt, et qui « présuppose chez les gouvernements à l'égard des œuvres littéraires un degré d'abnégation chevaleresque et de respect désintéressé

____

(1) V. toutefois Calmels, *De la contrefaçon* n° 404. — Dalloz, *Rép. per.* au mot: *Prop. litt.*

que l'on ne peut espérer rencontrer de nos jours (1). »
Faut-il aller jusqu'à dire avec certains auteurs, que le
décret facilitât singulièrement la conclusion des conventions internationales entre la France et les autres
nations ? — Que, sans lui, on n'aurait progressé que
très lentement dans ce droit conventionnel qui, à tout
prendre, est le meilleur et le plus sûr ? — Nous ne le
pensons pas. On pouvait craindre que les gouvernements étrangers ne voulussent plus conclure de traité
avec nous, puisque toute protection était accordée à
leurs ressortissants. Il n'en a rien été : voilà le fait.
Quant à prétendre que si le Décret de 1852 n'avait
pas été rendu, ce puissant mouvement qui poussait les
Etats à se lier par des traités (trois conventions avaient
été conclues en 1851), aurait disparu ou diminué, c'est
une autre affaire. De ce que le Décret n'a fait aucun
mal, alors qu'il pouvait en faire beaucoup, n'en concluons pas qu'il ait été d'une extrême utilité au point
de vue que nous envisageons.

Le Décret-Loi forme le droit commun de la protection accordée en France (2) aux auteurs étrangers.

(1) De Martens, t. 2, p. 201. — Comp. Renault, p. 12. —
Fliniaux, *Essai sur les droits des étrangers*, p. 8. — Lau-
rent, *Droit civil internat.*, t. 3, p. 570 : « Le décret de 1852 est
un pas vers la réalisation de l'idéal dans notre science, la communauté de droit entre les nations. » — Il semble qu'au Véné-
zuéla, la loi du 19 avril 1837 assimilait déjà les étrangers aux
nationaux pour la protection de la propriété littéraire. V. Fliniaux, *Propriété littéraire* 2ᵉ édit. p. 219. — Darras p. 198.
(2) Il fut déclaré exécutoire dans les colonies de la Martini-
que, la Guadeloupe, la Guyane, la Réunion, le Sénégal, la
Gorée, les établissements français de l'Inde et de l'Océanie,
par le décret du 9 décembre 1857. — Il est également applicable à l'île Saint-Barthélemy qui, rétrocédée par la Suède à la
France en 1878, est régie, selon la loi du 2 mars 1878, par les
mesures législatives en vigueur à la Guadeloupe. — Quant à

Non pas que l'on connaîtrait exactement la position faite à ces derniers sur notre territoire, en ne consultant que le Décret. De nombreuses conventions en effet, sont intervenues qui l'ont modifié en tout ou en partie. Mais, bien des pays n'ont pas traité avec le nôtre ; le Décret leur est directement applicable. En outre, d'un jour à l'autre, telle ou telle convention peut être dénoncée ; immédiatement, les écrivains de cet Etat retombent sous le régime du Décret. C'est donc là un acte de la plus haute importance qui même au point d'une pratique, mérite une sérieuse étude.

Nous examinerons successivement :

1° A quelles œuvres s'applique le Décret ?

2° Quelles sont les conditions de sa protection ?

3° Quelle en est la portée ?

4° Quelle est la durée de la protection accordée ?

I. — *A quelles œuvres s'applique le Décret de 1852 ?* — Il ne parle que des « *ouvrages* ». Mais le sens qu'il faut donner à ce mot est nettement déterminé par le rapport du garde des sceaux, M. Abattucci (1), qui indique qu'on a voulu étendre la protection aux « *produits scientifiques, littéraires et artistiques.* » Par conséquent, tout ce qui, d'après notre jurisprudence, peut rentrer sous cette dénomination, tombera sous l'application de la loi. Et par exemple, celui qui fait un commentaire d'un ouvrage déjà paru sera protégé, car le Décret de 1793 a abrogé le règlement du 30 août 1777 en vertu duquel les augmenta-

la situation des étrangers dans les colonies où le décret de 1852 n'est pas obligatoire, V. Sauvel, *La propriété litt. et artist. dans les colonies françaises, passim* et spécialt. p. 18.

(1) D. 52, 4, 93.

tions faites à un livre ne méritent protection que si elles sont au moins égales au quart de l'ouvrage (1).

Il est de même admis que les cours des professeurs constituent une propriété pour leurs auteurs. Quant au titre d'un livre, nous ne croyons pas qu'il soit possible de le considérer comme un « *ouvrage publié* » à l'étranger (art. 1 du Décret), et de le faire tomber par suite sous l'application de la loi (2).

Le Décret s'appliquera aux œuvres posthumes, aux œuvres anonymes ou pseudonymes : il n'y a pas en effet de raison de distinguer. La seule condition indispensable pour son application, c'est qu'il s'agisse d'une œuvre publiée à l'étranger, soit par un étranger, soit même par un Français. Ce dernier aura parfois grand intérêt à commencer par éditer dans un autre pays, s'il s'agit par exemple d'un Etat qui ne couvre de la protection de ses lois que les seules œuvres qui y paraissent pour la première fois.

Seront également protégées les œuvres appartenant à des départements, à des communes, à des corps savants étrangers, si ces associations étrangères sont reconnues en France comme personnes morales. Si l'Etat étranger est lui-même titulaire d'une œuvre, il pourra invoquer la protection du Décret, à condition toutefois que ce ne soient pas par des raisons de police ou de sûreté politique interne qu'il s'est approprié l'ouvrage.

Le Décret ne protège-t-il que les œuvres qui lui sont postérieures? On l'a soutenu, en disant que les

____

(1) Renault, p. 15. — Darras, p. 256. — Paris, 23 juillet 1828. — *Gazette des Tribunaux*, 25 juillet 1828.

(2) Pouillet, p. 63. — *Contrà*, Darras, p. 258. — *J. Clunet* 1889, p. 439.

ouvrages parus avant 1852 étaient tombés dans le domaine public, qu'il n'était donc plus au pouvoir de la loi de les faire redevenir une propriété privée (1). Cette opinion est restée isolée. Elle confondait trop manifestement avec un droit acquis, un acte de simple tolérance ; et le premier seul aurait pu fonder un droit ou une prescription. Le Décret s'applique donc aux œuvres antérieures à sa promulgation (2). Mais nous ne pousserons pas à l'extrême, l'idée de rétroactivité, et nous n'irons pas jusqu'à prétendre que « la vente d'ouvrages contrefaits même imprimés avant 1852 est devenue illicite à partir du Décret, parce que l'article 2 du Décret considère comme délit le débit des ouvrages contrefaisants sans distinguer suivant l'époque où l'édition frauduleuse a été mise au jour. » En parlant ainsi, M. Darras nous semble avoir oublié, que l'éditeur, qui publiait un livre contrefaisant avant 1852, avait droit absolument acquis à compter sur le bénéfice de cette publication. L'ouvrage était alors contrefait *licitement* : il n'y avait pas d'édition frauduleuse. C'est donc une question fort intéressante que celle de savoir si l'édition faite en France d'une œuvre étrangère, aura été antérieure ou postérieure à la promulgation du Décret ; question de fait à résoudre par les tribunaux en cas de difficulté.

Que décider au cas où, antérieurement à 1852, l'on avait fait *clicher* l'édition, mais où le tirage a été

---

(1) Calmels, n° 415.
(2) Pouillet, n° 848. — Despagnet, *Droit internat.* p. 541. — Weiss, *Droit internat.* p. 377. — Darras, p. 287. — Renault, p. 16. — Paris, 29 décembre 1860, *Pat.* 1861, p. 56 ; Cass. 11 août 1862, *Pat,* 1864, p. 29 ; Paris, 29 juin 1866, *Pat.* 1866, p. 299.

postérieur ? La question naquit à propos des *Nou-*
velles génevoises de Toppfer (de Genève), qui les
avait mises au jour de 1833 à 1840. Avant 1852, un
éditeur français, Barba les avait réimprimées, et, se
servant de ses anciens clichés avait produit de nouveaux exemplaires après 1852. Lecou, concession-
naire des droits de Toppfer les fit saisir : le tribunal
de la Seine (1), et la cour de Paris en appel (2), donnèrent raison à Lecou. Le clichage, en effet, n'empêche pas qu'il y ait eu une édition nouvelle. Tant
pis pour l'éditeur ! — Faudra-t-il décider, comme
certains le proposent, que, s'il est de bonne foi, l'éditeur lésé pourra réclamer une indemnité à l'auteur
étranger pour le préjudice qu'il subit ? Vraiment,
nous ne voyons pas quelle serait la base de son
action (3). Couvert par le silence de la loi, il dépouil-
lait l'auteur étranger du fruit de son travail : une loi
vient lui enlever ce droit. Qu'importe qu'il ait fait des
frais pour ce genre d'exploitation ! S'il est lésé dans
ses intérêts, c'est la faute du législateur, c'est par le
fait du prince. Qu'il ne fasse pas payer à la victime
qu'il s'apprêtait à dépouiller, le prix des instruments
qu'il s'était ménagés, pour exécuter cette opération à
moins de frais.

Tout au plus, pourrait-on admettre avec le **tribunal
correctionnel de la Seine** (4) que, seront licites les
tirages d'œuvres musicales réalisés après 1852 à l'aide
de clichés fabriqués avant cette époque. Une édition,

(1) 23 juillet 1853, — *Gaz. trib.* 24 juillet.
(2) 8 décembre 1853, *D.* 1854 — 2 — 25.
(3) Dalloz, — *Rép.*, au mot *Prop. litt.*, et note sous l'arrêt
précédent.
(4) Jugement du 16 décembre 1857 — *Pat.*, 57, p. 453.

en cette matière, ne serait, paraît-il, que l'épuisement par des tirages successifs des planches d'étain sur lesquelles les compositions sont gravées. « Toute l'importance de l'entreprise commerciale, déclare ce jugement, de l'opération des reproductions des morceaux de musique est dans ladite gravure plutôt que dans le nombre d'exemplaires qui peuvent être tirés immédiatement, ou à intervalles indéterminés, dans la limite de la durée desdites planches. »

Une autre difficulté particulière peut se présenter en matière d'œuvre faite en collaboration.

Supposons un ouvrage émanant de deux auteurs, l'un français, l'autre étranger, et que ce dernier appartienne à une nation qui, n'ayant pas de traité avec nous, soit sous le régime du décret de 1852. Les deux auteurs meurent en 1880 : par conséquent les droits des héritiers du Français prendront fin 50 ans après sa mort, c'est-à-dire en 1930. Que décider quant aux droits des héritiers de l'étranger ? — Si l'œuvre émanait de ce dernier seul, leurs droits prendraient fin plus ou moins tôt, selon que la loi de leur pays édicte une protection plus ou moins longue. Exemple : en Danemark, où la loi n'accorde que 30 ans (articles 2 et 3 de la loi du 29 décembre 1857), leurs droits devraient prendre fin en 1910. La situation va-t-elle être modifiée par le fait qu'il s'agit d'une œuvre en collaboration ?

On pourrait d'abord soutenir que les droits des héritiers du Danois seront prolongés jusqu'à l'extinction de ceux des héritiers du Français. — Ce serait illogique : le fait que leur auteur a travaillé en collaboration ne peut pas leur donner plus de droits que s'il **avait travaillé** seul.

Faudra-t-il alors décider que ces droits, éteints quant à eux, accroîtront aux héritiers français ? — Mais où serait la base juridique d'un tel accroissement ?

Il nous semble qu'il faut faire une distinction. S'agira-t-il après 1910, d'autoriser la publication de l'œuvre ? Le consentement des héritiers français sera seul, mais absolument nécessaire. Ils sont, en effet, demeurés en possession d'une fraction du droit de propriété littéraire ; et comme l'exercice de ce droit est indivisible, il faut, de toute nécessité, leur donner la faculté de l'exercer. — Que si, au contraire, un traité de cession a été fait antérieurement à 1910, le cessionnaire alors ne serait plus forcé, dès l'arrivée de cette date, que de payer la moitié des émoluments aux héritiers français : puisque le droit de ceux qui devraient toucher l'autre moitié de la créance est désormais éteint.

La même question peut se présenter, et une solution identique doit intervenir, au cas où il s'agit d'une œuvre faite en collaboration par deux étrangers de nationalité différente.

II. — *Quelles sont les conditions de la protection accordées aux auteurs étrangers par le Décret de 1852 ?* — A ce point de vue, l'assimilation des auteurs étrangers aux nationaux est complète (art. 4 du Décret). Pour pouvoir engager une poursuite contre le contrefacteur, ils sont donc astreints à faire au préalable le dépôt de deux exemplaires à la Bibliothèque nationale ou à la préfecture. (Lois de 1793 — Ordonnance de 1828.) Mais un droit exclusif réside sur la tête de l'auteur étranger antérieurement à cette formalité. Le dépôt n'est qu'une simple mesure de police ayant pour but d'enrichir les grandes collections nationales. Même en l'absence du dépôt, le ministère public peut intenter contre le délinquant l'action en contrefaçon.

Est-ce à dire que l'étranger demandeur sera complètement assimilé au national dans la poursuite, et qu'il sera dispensé de fournir la caution *judicatum solvi* ? — Nous ne le pensons pas. Non pas que nous nous abusions sur le peu de valeur théorique de cette disposition, dernier vestige des anciennes marques de défiance et de défaveur à l'égard de l'étranger, et qui devrait disparaître de nos lois : mais, tant qu'il ne sera pas abrogé, l'art. 16 du Code civil doit recevoir effet. Il astreint l'étranger à fournir une caution avant de poursuivre ses droits en France : le Décret de 1852 n'a rien changé à la situation. Avant lui, l'étranger ne pouvait actionner le contrefacteur français : maintenant, il le peut. Le Décret, en lui permettant d'intenter une action qui auparavant n'était pas possible, n'a évidemment pas entendu toucher à une question de procédure.

III. — *Quelle en est la portée ?* — Les articles 1 et 2 prohibent la *contrefaçon* (1), *le débit, l'exportation, l'expédition des ouvrages contrefaisants* (2), et l'article 3 punit ces faits des mêmes

(1) Pour qu'il y ait contrefaçon, il faut et il suffit que le fait incriminé soit illicite et d'après la loi française et d'après la loi étrangère. Il est d'abord évident que l'étranger ne peut prétendre posséder en France des droits, que la loi ou la jurisprudence française ne reconnaît pas aux nationaux. Nous démontrerons bientôt qu'il faut aussi consulter la loi étrangère.

(2) L'*importation* en France d'ouvrages étrangers contrefaits à l'étranger est-elle également interdite ? — Nous le croyons ; il ne faut pas s'en tenir à une interprétation judaïque de la loi. L'esprit si large dans lequel a été conçu le Décret nous semble commander cette solution. -- Comp. Darras, p. 284.

peines que s'il s'agissait d'ouvrages publiés en France. Il semblait donc, à première vue, que le législateur de 1852 ait, ici encore, réalisé une assimilation complète des auteurs étrangers aux auteurs nationaux. Il n'en est rien ; et pour connaître exactement quels sont les faits punis comme attentatoires au droit exclusif des étrangers, il est utile d'examiner successivement deux questions très distinctes.

1° Le décret a-t-il interdit la traduction comme la reproduction de l'œuvre étrangère ?

Question des plus pratiques ! N'est-ce pas, en effet, par la traduction qu'une œuvre pénètre la plupart du temps dans un pays autre que celui de son origine, bien peu de personnes pouvant lire un ouvrage étranger dans la langue originale ? Il s'agit de savoir si le ressortissant d'un pays qui n'a pas de traité avec la France, peut poursuivre celui qui, sans son autorisation, aurait traduit son œuvre sur notre territoire. Nous n'hésitons pas à adopter l'affirmative (1), avec cette restriction toutefois, que l'auteur étranger devra jouir dans son pays du privilège de traduction (2). Ce tempérament découle nécessairement de la solution adoptée plus haut sur la combinaison des lois française et étrangère. — Sans doute, le traducteur fournit un certain travail personnel : il peut même

---

(1) Despagnet, p. 542. — Weiss, p. 377. — Pardessus, n° 164. Blanc, *de la contrefaçon*, p. 176. — Renault, p. 18. — Paris, 17 juillet 1847, *Le Droit* du 22 juillet. Arg. par analogie de Rouen, 1845, *S.*, 46-2-521. — Cass., 1853, *D.*, 53-1-119.

Pour la négative, Dalloz, — *Rép.* au mot *Prop. litt.*, n° 352, Renouard, t. 2, n° 16.

Ces auteurs interprètent les termes du Décret dans leur sens le plus étroit.

(2) Darras, p. 292. — Comp. Fliniaux.

faire une œuvre de talent, témoin la traduction de Virgile par Delile, mais il s'approprie néanmoins les idées, la forme même, l'arrangement de l'ouvrage qu'il traduit. La traduction est une atteinte au droit pécuniaire et au droit moral que possède tout auteur sur son œuvre : à son droit pécuniaire, puisqu'on prive l'auteur du bénéfice légitime qu'il aurait pu retirer de la cession d'un droit de traduction exclusif; — à son droit moral, car le traducteur, — *traduttore, traditore,* proclame un proverbe italien, — peut porter atteinte à la réputation de l'auteur, surtout que la hâte avec laquelle on tâche d'arriver à traduire avant tout le monde les œuvres nouvelles a pour conséquence inévitable l'imperfection du travail entrepris. En un mot, la traduction est une contrefaçon et, par là, tombe sous l'application du Décret de 1852. — Par un arrêt de cassation du 15 janvier 1867 (1), la jurisprudence se prononce implicitement, mais nécessairement en notre sens ; car il résulte de cet arrêt que l'imitation en langue étrangère d'une œuvre littéraire doit être considérée comme une contrefaçon, lorsqu'elle reproduit l'œuvre originale avec une certaine exactitude, c'est à dire lorsqu'elle *se rapproche* d'une traduction.

Mais voici la singulière situation qui va se présenter, avec notre système. Les ressortissants des gouvernements qui ont conclu des traités avec la France, vont être moins efficacement protégés que ceux dont les gouvernements n'ont pas voulu contracter avec nous ! Il n'est pas de convention en effet qui assimile le droit de traduction au droit de repro-

(1) *S.*, 1867-1-69.

duction ; toujours, il est limité, circonscrit dans des bornes assez étroites. Certains traités accordent le privilège de traduction à l'auteur étranger pour 3 ans, quelques-uns — les plus favorables, — pour 10 ans, et toujours avec des formalités plus ou moins rigoureuses à remplir. — On ne peut nier l'anomalie de cette situation.

Pour y obvier, M. Duvergier, dans une dissertation savante, parfois subtile (1), soutient que, si les étrangers jouissent en vertu du Décret du droit de traduction, cette prérogative a été successivement restreinte par les diverses conventions signées depuis cette époque. Celles-ci n'auraient pas eu d'influence seulement à l'endroit des parties contractantes, mais auraient créé une sorte de droit commun applicable à tous les auteurs, quelle que soit leur nationalité. Un principe de Wheaton sert de base à l'argumentation de l'éminent auteur : « On peut considérer les traités comme explicatifs de principes de droit international ou des points, dont le sens est indéterminé. Dans ce dernier cas, les traités ont d'abord force de loi entre les parties, et ensuite ils confirment le droit international déjà existant, selon que l'application est plus ou moins précise, ou que le nombre des puissances contractantes est plus ou moins important (2). »

Cette opinion est absolument insoutenable ; les traités ne peuvent avoir force de loi qu'entre les parties contractantes. Ils ne sauraient porter atteinte aux principes posés par une loi. Seule, une loi postérieure peut modifier, expressément ou implicite-

____

(1) *Pat.*, 1860, 56 et 2.
(2) *Elém. de droit internat.*, chap. I § 12.

ment, une loi précédente. C'est un principe élémentaire de Droit. Remarquons, d'ailleurs, que la position
des auteurs appartenant à un pays qui possède un
traité avec la France est, après tout, préférable. Leur
situation est, en effet, fixe, stable, assurée; tandis que
celle des auteurs vivant sous le régime du Décret est
précaire, et peut changer d'un moment à l'autre (1).

2° Le Décret a-t-il interdit la représentation des
œuvres musicales ou dramatiques étrangères?

Un auteur dramatique, un compositeur de musique,
donnent dans leur pays une première audition de
leurs œuvres. Sans leur autorisation, ces dernières
sont jouées ou représentées en France. Peuvent-ils
invoquer le Décret, et poursuivre en contrefaçon
celui qui a ainsi fait représenter leurs compositions?
— Posée en ces termes, la question donne elle-même
la solution : ce n'est pas *contrefaire*, que de faire
représenter une œuvre sans le consentement de l'au-
-teur, et le Décret ne punit que la *contrefaçon*. —
Tout le monde n'admet cependant pas cette solution.
La loi, dit-on (2), a dû entendre protéger l'œuvre
scénique aussi bien que l'œuvre littéraire. C'est sur
les bases les plus larges que le législateur de 1852 a
entendu édifier la protection accordée aux étrangers ;
il a protégé « tous les produits *scientifiques*, *littéraires et artistiques* », par là même évidemment les

(1) Nous ne nous arrêtons pas à la distinction proposée par
M. Pataille — *Pat.*, 1857, 65 ; le Décret défendrait la traduction,
mais si le travail de traduction a été fait avant 1852, il serait
licite ; donc la publication devrait en être licite. — La distinction n'a pas de base : le travail intellectuel, en effet, n'existe,
juridiquement parlant, que par la publication.

(2) Demangeat, *Revue pratique*, t. 2, p. 241. — Weiss, p. 376.

œuvres dramatiques et musicales. Comprendrait-on, enfin, que le Décret s'écartât sur ce point de l'assimilation absolue, posée par les quatre conventions qui lui sont antérieures, entre le droit de reproduction et le droit de représentation ?

Certes, il eût été désirable qu'on ait réalisé une assimilation complète entre les œuvres littéraire et scénique. Mais ce n'est pas à l'interprète qu'il appartient de suppléer au silence de la loi, alors surtout qu'il s'agit, comme ici, d'une mesure exorbitante du droit commun, et que, d'un examen attentif des termes du Décret, il ressort qu'il n'a nullement songé au droit de représentation. L'article 3, en effet, renvoie aux articles 425, 426, 427 et 429 du Code pénal, tous relatifs au droit d'édition. Il laisse de côté l'article 428, qui, précisément, parle du droit de représentation. Un tel silence, quoi qu'on en ait dit (1), ne peut s'expliquer que par l'intention formelle où se trouvait le législateur de ne pas protéger ce dernier (2). D'ailleurs, des traités internationaux postérieurs au Décret, pas un n'accorde aux auteurs dramatiques le droit de s'opposer à la représentation de leurs ouvrages en France. Serait-il admissible que les ressortissants d'un pays avec qui nous n'avons pas de traité, aient des droits plus étendus que ceux des pays favorisés d'un traité ? Reste un dernier motif justifiant la différence de traitement entre le droit de publication et le droit de réprésentation théâtrale.

(1) Demangeat, *loc. cit.*

(2) Cf., art. 1 : « La contrefaçon, sur le territoire français, d'ouvrages *publiés...* » et art. 4 : « Néanmoins, la poursuite ne sera admise que sous l'accomplissement des conditions exigées relativement aux ouvrages *publiés* en France. »

La contrefaçon, en France, d'un ouvrage publié à l'étranger, constitue évidemment une atteinte beaucoup plus forte au droit d'auteur, que la représentation non autorisée d'une des pièces, puisque cette exécution illicite ne préjudiciera en rien aux représentations du même ouvrage à l'étranger.

Par conséquent, les compositeurs étrangers n'ont pas le droit de s'opposer à la représentation de leurs œuvres en notre pays, lorsqu'elles ont été primitivement jouées en pays étranger.

Appelée à se prononcer sur cette question, dans le célèbre procès intenté par le compositeur italien Verdi, au directeur du théâtre italien de Paris, pour représentation illicite de ses pièces, *Il Trovator*, *la Traviata* et *Rigoletto*, la jurisprudence a consacré (1) la solution que nous avons admise avec la majorité des auteurs (2).

---

(1) Paris, 13 décembre 1856; Cass. 16 déc. 1857, *D.* 1858, 1-161. — Nous lisons dans ce dernier arrêt : Attendu..... qu'avant la loi de 1852, le droit d'édition et de publication n'appartenait à l'étranger non autorisé à établir son domicile en France, que dans les termes des articles 39 et 40 du Décret du 5 février 1810, et que la loi du 17 août 1844 en avait étendu la disposition au droit de représentation ; — que la jurisprudence qui en avait fixé l'application, tout en accordant les mêmes droits aux auteurs nationaux et étrangers, limitait cette égalité aux œuvres que ces derniers publiaient ou faisaient représenter pour la première fois en France ; — attendu que le Décret de 1852, en citant uniquement les lois relatives à l'édition et à la publication, comme aussi par tous les termes dont il s'est servi, a entendu ne faire disparaître la restriction ci-dessus qu'en faveur du droit d'édition et ne rien changer aux dispositions relatives à la représentation des œuvres musicales ou dramatiques dont il aurait dû prononcer l'abrogation si telle avait été son intention... »
(2) Aubry et Rau, t. 1, p. 294, n. 19. — Despagnet, p. 543. — Worms, *Etude sur la propriété littéraire.* 1878, t. 2, p. 418. — Pouillet, p. 656. — Renault, p. 20. — Darras, p. 258. — Dalloz,

IV. — *Durée de la protection accordée.* — Nous devons, pour répondre à cette question, nous demander si, dans l'application du Décret, il faut tenir compte de la loi du pays où l'œuvre a été publiée pour la première fois.

Une œuvre est éditée dans un pays qui ne la protège pas contre la contrefaçon. L'auteur étranger pourra-t-il invoquer le Décret de 1852, à l'effet d'obtenir protection en France? — Une œuvre est éditée dans un pays où existe une durée de protection moindre que chez nous. L'auteur étranger pourra-t-il obtenir protection en France, pour tout le temps pendant lequel une œuvre française est protégée? — Faut-il, en un mot, assimiler complètement les étrangers aux nationaux, sans qu'il y ait à tenir compte de leur loi interne (1)?

Pour arriver à un tel résultat, il faut que la loi soit absolument formelle : telle, par exemple, la loi du 19 juillet 1819, qui assimile les étrangers aux nationaux, quant au droit de succession. Ce n'est pas le cas du Décret de 1852, qui a simplement pour effet d'écarter l'obstacle à la protection, résultant pour l'étranger de l'exception d'extranéité. « Le Décret, dit fort bien M. Lepelletier, dans un rapport à la Cour de Cassation (2), ne crée pas le droit. Il n'en crée que la protection. Si le droit existe, sa violation en France devient un délit, et il est bien vrai alors que la loi qui le proscrit, est la loi française. Mais le

Jur. gén. au mot *Prop. litt.*, n° 190. — Fliniaux, p. 12. — Pataille, *Pat.* 1857, p. 46.
(1) Pour l'affirmative, *voy.* Pataille, *Pat.* 1888, p. 332.
(2) *J. Clunet* 1888, p. 253.

Décret qui formule cette sanction, suppose le droit préexistant; et de même que, pour savoir si le droit prétendu violé, quand il s'agit d'une œuvre née en France, existe réellement, c'est la loi française qu'il faut interroger, de même, pour savoir si le droit dont on poursuit la violation en France, aux termes du Décret de 1852, existe au profit de celui qui le revendique, c'est la loi étrangère qu'il faut consulter... Protéger un droit, suppose que le droit existe, ce n'est pas le créer. » Qu'on remarque bien, d'ailleurs, à quelles étranges et iniques conséquences aboutirait le système contraire : en ne s'occupant pas de la loi étrangère, en protégeant en France une œuvre qui serait tombée dans le domaine public à l'étranger, on interdirait par là-même la libre concurrence aux nationaux français, alors qu'elle serait permise à l'étranger.

Il suit de là qu'une œuvre ne pourra être protégée en France, qu'autant qu'elle est protégée dans son pays d'origine; que la durée de la protection ne pourra pas dépasser la limite fixée par la loi étrangère.

Faut-il, en sens inverse, prétendre avec M. Fliniaux (1), qu'il doit être fait abstraction complète de la loi française, et que le Décret de 1852 a entendu permettre aux étrangers d'invoquer les droits qui leur sont accordés dans leurs pays, que par suite, l'œuvre étrangère doit en tous points suivre la loi étrangère? D'un tel système, il suivrait que la durée du droit, par exemple, serait fixée par la loi étrangère, quand bien même elle dépasserait celle qu'accorde notre

(1) *Op. cit.*, p. 8.

loi. — Nous ne le pensons pas, et nous sommes peu touché de la principale considération présentée par cet auteur, à l'appui de son opinion. Il a dû en être ainsi, dit-il en substance, parce qu'il eût été trop difficile, en 1852, de combiner la loi française avec les lois étrangères, puisqu'on était alors sous l'empire du Décret de 1810 dont les dispositions étaient fort compliquées (1). — Qu'importe ! Ce n'est qu'une simple difficulté de combinaison et il est loin d'être prouvé que le législateur en ait tenu le moindre compte. Une telle théorie, d'ailleurs, ne tend à rien moins qu'à renverser un des plus solides principes de droit international : qu'une loi étrangère ne peut jamais aller à l'encontre d'une loi nationale, lorsque cette dernière règle l'exercice du droit de propriété. Si elle le fait en effet, c'est dans un intérêt général, par une raison d'ordre économique et non dans l'intérêt particulier du propriétaire. De telles dispositions, en un mot, sont des dispositions *d'ordre public* au premier chef, devant lesquelles doivent céder les dispositions des lois étrangères.

En résumé, pour connaître la portée et la durée de la protection accordée en France à l'étranger, il faut consulter la loi française et la loi étrangère ; et la protection accordée ne pourra pas être plus forte qu'elle ne l'est en France et dans cet autre pays. Des

---

(1) Ce décret distinguait entre les héritiers de l'auteur ; il protégeait les descendants pendant vingt ans à partir de l'extinction du droit d'usufruit dont pouvait jouir la veuve ; — les autres héritiers seulement pendant dix ans, et encore pouvait-il arriver que le droit d'usufruit de la veuve englobât ces dix années.

deux législations, la moins libérale formera un maximum qu'on ne pourra pas dépasser (1).

« Il va sans dire que, pour régler la transmission des droits de l'auteur à ses héritiers, la capacité pour céder ses droits, et l'interprétation des actes de cession, » il faudra s'en référer aux principes généraux adoptés par le droit international privé (2).

Reste pour en avoir fini avec l'étude du Décret, la question de savoir s'il a été modifié par les conventions qui luiétaient antérieures ou postérieures? — Avant 1852, quatre conventions avaient été conclues, par la France, avec la Sardaigne, le Portugal, le Hanovre, l'Angleterre. Ont-elles été amendées par le Décret de 1852? La question n'offre plus aujourd'hui qu'un intérêt purement théorique, puisque de ces quatre conventions, aucune ne subsiste. L'affirmative a été soutenue ; il ne serait pas juste, dit-on, que ce soient précisément les auteurs des pays qui ont montré le plus de générosité dans la protection, qui soient frustrés des avantages du Décret (3). — Nous rejetons cette solution ; une loi générale ne peut abroger une loi spéciale antérieure. La France ne pouvait, en 1852, avoir l'intention de perdre le bénéfice de la réciprocité qu'elle venait d'acquérir dans ces quatre traités primitifs. Les ressortissants de ces nations

____

(1) Renault, p. 21. — Calmels n° 409. — Bertauld, *Quest. prat.* 1, n° 142 *bis*. — Despagnet, p. 544. — Pataille, *Pat.* 1856, p. 70. — Comp. Pouillet, p. 655. — Seine, 28 mars 1884, *Gaz. Pal.*, 1884,1, *supp..* p. 99. — Cass., 25 juillet 1887., *J. Clunet*, 1888, p. 267.

L'art. 38 de la Loi belge du 22 mars 1886 consacre expressément ce système.

(2) Despagnet, p. 545. — Renault, p. 21.

(3) Darras, p. 243. — Pouillet, p. 648.

avaient d'ailleurs les avantages des inconvénients, puisque leurs droits eussent été beaucoup plus fragiles, s'ils n'avaient plus été garantis que par une loi, qui pouvait être abrogée par une autre loi (1).

En sens inverse, les conventions postérieures au Décret l'ont-elles modifié? — On a soutenu la négative (2), en disant que l'étranger ne pouvait pas être lié par « contrat restrictif de son droit », que « l'œuvre du législateur ne pouvait pas, sans son concours en dehors de lui, être détruite par la seule diplomatie. » — A notre avis, cette solution est insoutenable, et il faut se rallier sans hésiter à l'opinion contraire (3).

Le Décret de 1852, en effet, a la force d'une loi, et si en principe, une loi est nécessaire pour en renverser les effets, il est non moins certain que les traités internationaux sont de véritables contrats obligatoires pour les deux Etats co-contractants. Par suite, un traité est donc suffisant pour constater la renonciation d'une des parties à des avantages que lui aurait concédés une loi de l'autre pays : *speciala generalibus derogant* (4).

Une méthode rigoureuse nous amènerait à l'étude des conventions internationales conclues par la France

(1) Duvergier, *Pat.* 1860, p. 40 et s.
(2) Pouillet, p. 650. — Delalain, *Législation de la prop. litt.*, p. 23. — M. Gavard, premier secrétaire de notre ambassade à Londres, soutint cette idée lors de l'enquête anglaise de 1875 (*Minutes of the evidence*, n° 1765,)
(3) Renault, p. 30. — Darras, p. 245. — Despagnet, p. 547.
(4) « Les traités sont des conventions, et il est absolument contraire au principe qui les régit, qu'une des parties puisse réclamer ce qui a été stipulé pour elle, et refuser ce qui a été stipulé pour l'autre. » Rapport de M. Lepelletier, à la Cour de cass. *J. Clunet*, 1888, p. 262.

avec différents pays étrangers, telles qu'elles se sont produites dans leur ordre de date, pour voir en dernier lieu l'Union de Berne, conclue en 1886, entre de nombreux Etats. Ce serait, croyons-nous, un long et fastidieux travail ; le droit commun de la protection conventionnelle étant aujourd'hui l'Union de Berne. Par l'adhésion de la plupart des principaux Etats à cette dernière, les conventions qui les liaient avec la France, ou bien ont complètement cessé d'être en vigueur, ou n'ont survécu que dans les points où elles édictaient des mesures de protection plus libérales et plus larges (article additionnel de la Convention). Il nous semble donc plus utile d'offrir la part la plus grande de notre travail à l'étude détaillée de la Convention de 1886.

Ausssi, nous contenterons-nous, après avoir fait l'historique des différentes conventions conclues par la France, d'exposer les principes consacrés par les traités intervenus avec les pays qui n'ont pas adhéré à l'Union. Nous aborderons ensuite l'examen de la Convention de 1886 ; nous en verrons la phase préparatoire et les principales dispositions, étudiant en même temps les clauses modificatives, contenues dans les traités des pays qui, avant d'ahérer à l'Union, étaient liés à la France par des conventions particulières.

CHAPITRE III

LA PROTECTION CONVENTIONNELLE

SECTION Ire

Historique.

Depuis la seconde moitié de ce siècle en particulier, est né un puissant mouvement en faveur de la protection conventionnelle de la propriété littéraire. L'explication de ce fait est facile pour ceux qui, comme nous, admettent que le Décret de 1852 n'entendait accorder aux étrangers en France, que [la garantie des droits dont ils jouissaient dans leur patrie. La grande majorité des pays ayant sur ce point des dispositions fort incomplètes, il leur était très avantageux de conclure des traités où leurs droits se trouvaient nettement spécifiés. Ajoutez à cela qu'une loi peut être retirée par celui-là même qui l'a édictée, que sa protection est donc bien moins sûre que celle résultant d'un contrat.

Quant aux auteurs qui soutiennent que le Décret avait réalisé une assimilation complète entre les auteurs étrangers et nationaux ; il leur est plus difficile de comprendre l'extension de ce mouvement. Voici l'explication proposée par M. Duvergier (1) : « Telle puissance qui aurait continué à préférer l'intérêt à l'honneur, le juste à l'utile, a compris que nous pouvions retirer des concessions faites avec tant d'abondance et payées avec tant d'ingratitude ; qu'il était prudent d'assurer par un traité ce qui n'avait pour fondement qu'un acte

____

(1) *Pat.* 1860, p. 51.

unilatéral et par conséquent éphémère. C'est à un mélange de bons sentiments et de vues intéressées que doit, selon moi, être attribuée cette suite nombreuse de traités, » Sans doute, un traité est plus sûr qu'une loi. Mais M. Duvergier n'explique pas pourquoi les étrangers se seraient empressés de conclure des conventions où leurs droits étaient amoindris, si le Décret leur accordait des garanties sur les bases les plus larges. Tout au moins, eût-il été dans l'ordre des choses qu'ils attendent le moment où la France, revenant en arrière, aurait songé à abroger le Décret.

Ne pourrait-on cependant pas croire, que l'utilité possédée par les traités internationaux, n'est pas sensiblement tangible, à raison du principe de réciprocité à l'égard des étrangers, consacré par les lois internes des différents pays (1), à mesure qu'elles se sont amendées? Loin de là; comme nous l'avons déjà dit, la réciprocité est au point de vue de la législation internationale privée, un principe beaucoup plus fécond en apparence qu'en réalité. « Rien n'est plus facile que de l'inscrire dans la loi, mais les difficultés deviennent le plus souvent insurmontables quand, sans avoir été organisée dans ses moyens d'applica-

(1) Autriche, art. 39, L. 19 octobre 1846. — Espagne, art. 50. L. 10 janvier 1879. — Italie, art. 44, Décret 19 déc. 1882. — Portugal, art. 578 du Code civil. —.Suisse, art. 10. L. 23 avril 1883. — Une ordonnance royale est nécessaire pour mettre en vigueur la réciprocité contenue dans la loi en Danemark, art. 23. L. 29 déc. 1857 et Ordonnance 29 déc. 1858, — en Suède, art. 19. L. 10 août 1877, et en Norvège, art. 46, L. 8 juin 1876.

Nous avons trouvé le texte de ces différentes lois dans Ch. Constant, *op. cit.*, pages 77-126-232-289-314-109-271-254.

Adde Mexique, art. 1247 et suiv. du C. c. *Pat.* 1876, p. 257. — Grèce, art. 433 du Code pén. de 1833. — Pataille, *Code internat.*, p. 238.

tion, cette thèse vient se heurter aux mille suscepti-
bilités de la souveraineté nationale, à l'organisation
judiciaire et à la procédure de chaque peuple (1). »

Les traités sont enfin le meilleur moyen de donner
une solution aux questions délicates qui proviennent
du silence ou du conflit de deux législations internes,
et de régler d'une façon précise les mesures transi-
toires nécessaires à prendre, afin de sauvegarder les
droits de ceux qui avaient usé de la tolérance légale
pour reproduire les œuvres étrangères.

L'article 18 de l'acte fédéral du 8 juin 1815, signé
au Congrès de Vienne, était ainsi conçu : « La Diète
s'occupera, lors de sa première réunion d'une législation uniforme sur la liberté de la presse, et des mesures à prendre pour garantir les auteurs et les
libraires des contrefaçons. » En suite de cet article,
un contrat d'union entre le royaume de Prusse et
trente et un Etats et villes libres de la Confédération
germanique fut conclu le 6 septembre 1833 : toute distinction entre les sujets de chacun des Etats de la
Confédération était réciproquement abolie. Ce fut la
première convention en notre matière.

Mais, pour ne parler que de la France, la première
stipulation se rencontre dans le traité de commerce
conclu le 27 juillet 1840, avec les Pays-Bas (art. 14).
« La propriété littéraire sera réciproquement garantie.
Une convention spéciale déterminera ultérieurement
les conditions d'application et d'exécution de ce principe dans chacun des deux royaumes. » — Cette convention spéciale n'était conclue que quinze ans plus
tard, le 29 mars 1855.

(1) Villefort, *la Propriété littéraire*, p. 53.

Avant 1852, quatre traités internationaux seulement étaient signés par la France :

Avec la Sardaigne, le 28 août 1843,

Avec le Portugal, le 12 avril 1851,

Avec le Hanovre, le 20 octobre 1851,

Avec la Grande-Bretagne, le 3 novembre 1851.

Survint le Décret de 1852, dont l'apparition n'enraya pas le mouvement qui commençait à se développer. Pour 1858, la France avait conclu 28 traités avec 25 Etats : pour 1878, environ 55 avec 46 Etats (1). Parmi les principaux, citons :

La convention du 29 mars 1855 avec les Pays-Bas et l'arrangement de 1860 (2) ;

La convention du 15 novembre 1853 avec l'Espagne ; remplacée par celle du 16 juin 1880 (3) ;

Le traité du 1er mai 1861 avec la Belgique ; supprimé par celui du 31 octobre 1881, et déclaration interprétative du 4 janvier 1882 (4) ;

Le traité du 29 juin 1862 avec l'Italie ; supprimé par celui du 9 juillet 1884 (5) ;

La convention du 30 juin 1864 avec la Suisse ; remplacée par celle du 23 février 1882 (6) ;

La convention du 6 avril 1861 avec la Russie (7) ;

La convention du 11 juillet 1866 avec le Portugal (8) ;

---

(1) Worms. *op. cit.* passim.
(2) De Clercq, *Recueil des traités de la France*, t. 6, p. 502 et t. 8, p. 46.
(3) De Clercq, t. 12, p. 563.
(4) De Clercq, t. 13, p. 155 et 234.
(5) De Clercq, t. 14, p. 391.
(6) De Clercq, t. 13, p. 309.
(7) De Clercq, t. 8, p. 817.
(8) De Clercq, t. 9, p. 592.

La convention du 15 décembre 1865 avec le Luxembourg (1) ;

La convention du 11 décembre 1866 avec l'Autriche, prorogée indéfiniment par celle du 18 février 1884 (2) ;

La convention du 14 juillet 1867 avec les Etats-Pontificaux (3) ;

La convention du 19 avril 1883 avec l'Allemagne (4) ;

La convention du 15 février 1884 avec la Suède et la Norwège (5) ;

La convention du 9 juin 1880 avec le San-Salvador (6).

En même temps que la France passait des traités littéraires avec la plupart des pays de l'Europe, et même avec certains pays du Nouveau-Continent, les autres Etats européens se liaient également entre eux par des traités particuliers. Cet empressement quasi général des nations à conclure entre elles des conventions littéraires, à s'occuper d'un droit d'équité longtemps méconnu, dont la législation fut si lente et si difficile à éclore, témoigne de l'intensité d'un mouvement qui ne date en réalité que de la seconde moitié de ce siècle. Depuis 1880 surtout, se fait jour une tendance de plus en plus marquée des Etats pour protéger efficacement le droit de l'auteur sur l'œuvre qu'il a produite. Que l'on compare en effet les traités passés par la France dans ces dix dernières années avec l'Espagne,

(1) *Moniteur*, 9 février 1866.
(2) De Clercq, t. 9, p. 664 et t. 14, p. 289.
(3) Le Barrois d'Orgeval, *La propriété littéraire en France et à l'étranger*, p. 194.
(4) De Clercq, t. 14, p. 226.
(5) De Clercq, t. 14. 325, et *J. Clunet*. 1884, p. 669.
(6) De Clercq, t. 12, p. 557.

la Belgique, la Suisse, etc., etc., et ceux qu'elle avait passés auparavant avec ces pays ou d'autres nations. Cette comparaison montre d'une façon saisissante le rapide chemin fait par l'idée de protection. Les formalités ont beaucoup diminué ; le dépôt est supprimé et c'est à peine si on a laissé encore survivre la nécessité de l'enregistrement. Le droit de traduction lui-même, tout en n'étant pas encore assimilé complètement au droit de reproduction, est mieux reconnu que par le passé. C'est donc un immense avantage sur l'ancien état de choses que constituent tous ces traités issus d'un commun désir d'améliorer la situation des artistes et gens de lettres. Sauf certaines exceptions regrettables il n'est pas de pays civilisé qui ne protège jusqu'à un certain point les droits des auteurs étrangers. C'est ce progrès considérable de l'idée protectionniste, qui donna naissance, — nous verrons plus loin comment et pourquoi — à l'idée de l'établissement d'une union littéraire et artistique entre les différents Etats, comme il en existait déjà une en matière postale et en ce qui concerne la protection de la propriété industrielle.

Tous les traités internationaux conclus par la France jusqu'en 1880 ont été signés par le chef de l'Etat seul, sans qu'il les ait soumis à l'approbation des Chambres. La question est de savoir s'ils sont valables (1).

Pour les conventions conclues avant 1870, nous ne croyons pas qu'il puisse y avoir grandes difficultés. Leur validité est généralement admise (2) ; les tribu-

---

(1) V. la remarquable étude de M. Clunet qui a le premier discuté la question : *J. Clunet* 1880, p. 1. — Comp. Darras, p. 546.

(2) *Contrà* : Weiss, p. 380. — *Le Droit,* n° du 27 avril 1884.

naux les ont maintes fois visées et appliquées, et la Cour de cassation est absolument formelle en ce sens dans un arrêt du 25 juillet 1887 (1). L'article 6 de la Constitution du 14 janvier 1852 ne dit-il pas en effet : « Le Président de la République est le Chef de l'Etat, il commande les forces de terre et de mer, déclare la guerre, *fait des traités de paix, d'alliance et de commerce.* » *A fortiori*, pouvait-il donc signer les traités littéraires, qui ne peuvent pas engager la fortune publique et le crédit de l'Etat.

En ce qui concerne, les conventions intervenues depuis 1870, la question est des plus douteuses, et nous croyons qu'elles manquaient d'un des éléments essentiels à leur validité, en n'étant pas soumises à l'approbation parlementaire. De 1870 à 1875 en effet, l'Assemblée nationale possédait assurément la plénitude de la souveraineté (2). Or, parmi les attributs de la souveraineté, figure le pouvoir de signer des traités avec les nations étrangères. Donc, depuis le 13 février 1871, date de la première réunion de l'As-

____

(1) *J. Clunet* 1888, p. 268. — *D.* 1888-1-5. « Attendu que les droits d'auteurs et le monopole qu'ils confient sont désignés à tort, soit dans le langage usuel, soit dans le langage juridique, sous le nom de *propriété*; que, loin de constituer une propriété comme celle que le Code civil a définie et organisée pour les biens meubles et immeubles, ils donnent seulement à ceux qui en sont investis, le privilège exclusif d'une exploitation temporaire ;...

Attendu..... que les traités (régissant la propriété littéraire) n'ont en vue que l'exploitation commerciale ou industrielle des œuvres qui sont le sujet de leurs dispositions...

Attendu que le traité franco-italien du 29 juin 1862 (*et par suite tous les traités conclus avant 1870*) a été passé par le chef de l'Etat français, *en vertu du droit qu'il tenait de la Constitution...* »

(2) *Officiel*, 1871, p. 3091 et 3094, — p. 3056, *3ᵉ colonne.*

semblée nationale à Bordeaux, jusqu'au 16 juillet 1875, date de la Constitution de la troisième République, tous les traités devaient, pour être valables, avoir été votés par l'Assemblée.

L'article 8 de la Constitution de 1875 portait : « Le Président de la République négocie et ratifie les traités. Il en donne connaissance aux Chambres aussitôt que l'intérêt et la sûreté de l'Etat le permettent. Les traités de paix, de commerce, ceux qui sont relatifs à l'état des personnes, *et au droit de propriété des Français ne sont définitifs qu'après avoir été votés par les deux Chambres.* » Que l'on n'objecte pas, que la propriété littéraire étant un droit primordial, *consacré* seulement et non *créé* par les lois, il n'y a pas entre deux nations, de véritable *traité*, mais une simple *déclaration!* Il ne faut pas s'en tenir strictement à la lettre de la loi. Le rapporteur de la loi, M. Laboulaye, a fort bien expliqué que l'article 8 n'était qu'énonciatif; que, dans l'esprit de la loi, aucun traité, ou créant de nouveaux droits, ou de nouvelles obligations pour les Français, ne devait être soustrait à l'examen parlementaire. Et le gouvernement l'a toujours ainsi pensé ; il a toujours soumis aux Chambres les traités d'extradition — l'art. 8 cependant ne les vise pas non plus d'une façon expresse. — Enfin la propriété littéraire et artistique est une des formes de la propriété (1). Concluons donc qu'étaient nuls en notre matière, comme n'ayant pas reçu la ratification des Chambres :

---

(1) Une lettre du ministre des affaires étrangères du 25 juin 1879 (*J. Clunet,* 1879, p. 466), la considère comme une véritable propriété.

La déclaration de Londres, du 11 août 1875 entre la France et l'Angleterre, pour la protection légale de la propriété des ouvrages dramatiques ;

La convention franco-belge du 19 septembre 1879 interprétative de la convention du 1er mai 1861.

L'accord du 23 janvier 1880 pour proroger d'un an la convention franco-espagnole du 15 novembre 1853 sur la garantie réciproque des œuvres d'esprit et d'art.

En soumettant depuis 1880, à l'approbation parlementaire toutes les conventions relatives à la propriété littéraire, le gouvernement a fourni un argument de plus à la théorie si fermement soutenue par M. Clunet.

Inutile de dire qu'aujourd'hui, la question ne présente plus guère qu'un intérêt rétrospectif, ces conventions antérieures ayant été, soit remplacées par d'autres, soit englobées dans l'Union de Berne.

SECTION IIe

LES TRAITÉS INTERNATIONAUX AVEC LES PAYS QUI N'ONT PAS ADHÉRÉ A L'UNION DE BERNE

I. — *Principe et étendue de la protection.* — Certaines conventions proclament l'assimilation des auteurs étrangers aux auteurs nationaux, déclarant qu'ils jouiront de la même protection que « les auteurs auxquels les lois de l'un des deux pays garantissent actuellement ou garantiront à l'avenir le droit de propriété. » (Pays-Bas, 1, 1855. — Russie, 1, § 1, 1861 (1). Ces derniers mots n'ont aucun sens par

(1) La convention franco-russe n'a plus qu'un intérêt historique. Elle a en effet été dénoncée le 22 décembre 1885 et a

eux-mêmes ; il faut précisément s'en référer aux lois internes des deux pays pour connaître quels sont les auteurs qu'elles protègent. Il faut savoir lequel des deux systèmes de l'indigénat, ou de la territorialité a prévalu dans ces Etats. Supposons en effet, une convention conclue en ces termes entre deux pays dont l'un protège ses citoyens en quelque lieu qu'ils fassent paraître leurs œuvres, et l'autre protège seulement les œuvres parues sur son territoire. Qu'arrivera-t-il ? C'est que l'auteur qui voudra faire valoir ses droits dans le premier Etat, devra prouver qu'il a édité ses œuvres sur le deuxième territoire ; au contraire, l'auteur qui voudrait être protégé dans le second pays devra prouver qu'il est citoyen du premier pays. Les Pays-Bas et la Russie consacrent le principe de la territorialité. D'où il suit que pour obtenir la protection des lois françaises, à l'aide de ces conventions, un auteur doit avoir publié son œuvre dans un de ces deux pays. Et réciproquement, pour être admis à la protection des lois hollandaises ou russes, un auteur doit justifier de la publication de son œuvre sur notre territoire.

Les conventions avec le Portugal (1, 1867) et avec l'Autriche (1, 1866) protègent dans l'autre pays « les auteurs d'ouvrages publiés pour la première fois dans le pays même. » C'est donc encore le principe de la territorialité qui prévaut ici, mais consacré cette fois expressément, et ne découlant plus seulement d'une manière implicite comme précédemment de la combi-

expiré le 14 juillet 1887. Désormais, la Russie peut invoquer le Décret de 1852 pour faire protéger chez nous ses auteurs. Par contre, nos auteurs ne jouissent d'aucune protection en ce pays.

naison des termes du traité avec les dispositions des lois internes. Il n'est pas besoin de beaucoup réfléchir pour s'apercevoir des inconvénients qu'entraîne un tel système. Il aboutit à exclure de la protection des citoyens appartenant aux puissances contractantes, pour en faire bénéficier des individus étrangers. Il supprime par là même l'un des grands intérêts qu'aurait une puissance étrangère à conclure une convention littéraire avec notre pays, puisqu'il suffira aux ressortissants des Etats qui n'ont pas encore de traités, de publier leurs œuvres dans un pays qui est lié avec d'autres nations, pour jouir ainsi d'une protection conventionnelle étendue.

Le principe de l'indigénat est au contraire à la base de nos relations avec le Salvador (1, 1880), et avec la Suède et la Norwège (art. additionnel au traité de commerce du 10 décembre 1881, et art. 1 de la convention de 1884). Seront protégés dans l'un des pays, les citoyens ou sujets de l'autre Etat. Il ne suffira donc plus qu'un auteur ait publié ses œuvres en France pour pouvoir invoquer la protection des tribunaux suédois ou salvadoriens, il faudra que ce soit un sujet français. Réciproquement, seuls, les citoyens du Salvador ou de la Suède pourront réclamer le bénéfice des lois françaises ; sans que jamais il y ait lieu de s'occuper du pays où l'œuvre aura paru pour la première fois (1).

(1) Le traité d'amitié, de commerce, et de navigation conclu le 27 novembre 1886 entre la France et le Mexique, promulgué par le décret du 23 avril 1888 (*Officiel*, 25 avril 1888), contient à l'art. 2, dernier alinéa : « Pour ce qui est de la propriété littéraire et artistique, *les citoyens* de chacune des deux hautes parties contractantes, jouiront réciproquement chez l'autre du traitement de la nation la plus favorisée. »

Rien ne s'oppose à la transmissibilité des droits intellectuels (1); il va de soi que les mandataires et ayants-cause jouiront de la même protection que ceux dont ils tiennent leurs droits. Et le silence des conventions sur ce point n'aurait en aucun inconvénient; c'est un principe juridique qu'il n'était pas nécessaire de consacrer, comme l'ont fait Pays-Bas, 1. — Russie, 1, § 3, 2, § 4. — Autriche, 2. — Portugal, 7. — Salvador, 9.

Mais de quelle protection jouiront les auteurs dans l'un des pays contractants? On conçoit en effet la possibilité d'appliquer trois systèmes pour fixer la durée de la protection :

La durée de la protection des œuvres étrangères sera dans chaque pays assimilée à celle des œuvres nationales.

(1) En cas de cession du droit d'auteur intervenue avant la conclusion d'un traité diplomatique avec un pays où la propriété littéraire française n'était pas protégée lors de la cession, sera-ce l'auteur ou le cessionnaire qui profitera de la situation nouvelle, créée par la passation d'un traité assurant toute protection? — C'est l'auteur qui doit en avoir le bénéfice. En traitant, en effet, le cessionnaire n'avait pas le droit de compter sur une extension de privilège en sa faveur, et les contrats doivent toujours être interprétés et réglés eu égard aux lois en vigueur au moment où ils ont été formés. C'est le système admis par la jurisprudence : Comp., Paris, 12 juil. 1852, *Dal.*, 1854, 2, 225. — Cass. 1877, D. 1878, 1, 309. — Cass. 1875, D. 1875, 1, 334. — Rouen, 1876, D. 1876, 2, 100. — Paris, 1876, D. 1876, 2, 12. — Cass. 20 févr. 1882, *Gaz. Pal.* 1882, 1, 429 et D. 1882, 1, 465. — En ce sens : Delalande. p. 80. — Pataille, *Pat.* 1867, p. 224. — 74, p. 353. — 1869, p. 248. — Renouard, t. 2, p. 361.
Il est certain cependant que le cessionnaire éprouvera de ce fait un préjudice réel. Car, s'il n'avait pas le droit d'escompter une extension de privilège en sa faveur, il pouvait du moins légitimement croire que relativement au pays maintenant uni par une convention, l'œuvre serait dans le domaine public. Comp., *Revue de Gand*, 1884, p. 470.

La durée de la protection des œuvres étrangères ne pourra excéder celle qui est déterminée par la loi du pays d'origine.

La durée de la protection est déterminée d'une façon précise par les traités.

Nos conventions semblent consacrer le premier système quand elles disent que « les auteurs... jouiront dans chacun des deux Etats réciproquement des avantages qui y sont ou y seront attribués par la loi à la propriété des ouvrages de littérature ou d'art. » Il n'en est rien cependant. Pour être protégée dans le pays étranger, il faut que l'œuvre soit protégée au pays d'origine. Les conventions n'ont qu'un but : continuer en pays étranger la protection qui existait dans le pays national de l'œuvre. Elles ne peuvent pas créer dans un Etat étranger, un droit qui n'existe pas au pays d'origine. Ne serait-il pas en effet « bien singulier qu'un auteur fût protégé au dehors, alors qu'il ne le serait pas dans son propre pays (1) ? » C'est la théorie que nous avons déjà soutenue, en étudiant la portée du Décret de 1852. Ici d'ailleurs, les conventions nous fournissent, s'il en était besoin, un argument d'induction des plus puissants. En disant que les auteurs ne sauraient jouir à l'étranger d'avantages « que pendant l'existence de leurs droits dans le pays où la publication originale a été faite », et que, « la durée de leur jouissance dans l'autre pays ne pourra excéder celle fixée par la loi pour les auteurs nationaux » (Pays-Bas, 1, § 2. — Russie, 1, § 3. — Portugal, 1, § 2. — Autriche. 1, § 2), elles

____

(1) Renault, p. 31.

indiquent d'une façon décisive que, pour savoir si les
ouvrages publiés dans l'un des pays contractants sont
protégés dans l'autre, il faut prendre en considération
et la loi du pays où la protection est invoquée, et
le loi du pays de la publication originale (1).

De même, en effet, que la durée de la protection
d'une œuvre étrangère ne peut pas être plus grande
en un autre pays qu'au lieu d'origine, de même elle
ne peut pas dépasser la durée de la protection accordée par ce pays étranger à ses œuvres nationales:
nous l'avons déjà dit, c'est dans l'intérêt général qu'est
établie une telle limitation, c'est une règle d'ordre
public interne, sur laquelle ne peuvent pas empiéter
les dispositions des autres législations (2).

En résumé, dans les deux cas la législation la
moins libérale formera un minimum qu'on ne pourra
pas dépasser. Ainsi, les héritiers d'un écrivain autri-
chien dont l'œuvre n'est protégée contre la contrefaçon que pendant trente ans après sa mort (3), ne
seraient pas admis à invoquer en France la Loi du
14 juillet 1866 qui protège le droit de l'auteur jusque
cinquante ans après son décès. En sens inverse les
héritiers d'un auteur français ne pourraient pas invoquer leur loi nationale en Autriche, et se verraient
dépouillés de leurs droits trente ans après la mort du
de cujus.

(1) Pour rendre plus facile, la connaissance des lois étrangères, les conventions déclarent ordinairement que les gouvernements contractants se communiqueront réciproquement
les lois et règlements intérieurs sur la propriété littéraire et
artistique.
(2) Bertauld, t. 1, p. 106. — Renault, *loc. cit.* — Weiss,
p. 825. — Despagnet, p. 554.
(3) Loi du 19 octobre 1846, § 13.

Exceptionnellement l'on trouve un délai précis, assigné à la durée de la protection (Russie, 4. — Salvador, 1 et 10). De vingt ans après la mort de l'auteur, dans le traité franco-russe, le délai est de cinquante ans dans la convention conclue avec le Salvador. Il est facile de s'expliquer ces dernières dispositions : la Russie et le Salvador, n'ayant pas de législation sur la propriété littéraire au moment où étaient conclues les conventions, on ne pouvait s'en référer à la loi interne de ces pays, et il était par suite nécessaire de fixer un délai précis dans le corps même du traité.

II. — *Œuvres protégées.* — La plupart des conventions commencent par faire une longue énumération des différentes œuvres qu'elles protègent, pour finir par une formule générale, garantissant « les livres, brochures et autres écrits, les œuvres de dessin, de peinture, de sculpture, de gravure, de lithographie, et de toutes autres productions analogues du domaine littéraire ou artistique. » (Portugal, 1. — Autriche-Hongrie, 1), — « les œuvres scientifiques et littéraires » (Pays-Bas, 1), — « les œuvres d'esprit et d'art » (Russie, 1), — « la propriété littéraire et artistique » (Suède et Norwège).

Ces derniers termes ont l'avantage d'être assez larges, pour pouvoir comprendre les œuvres dont il n'est pas fait une mention expresse dans le traité. Les œuvres musicales, par exemple, ne sont pas mentionnées (1) dans nos conventions avec la Hollande,

---

(1) Elles le sont dans nos traités avec la Russie, 2, 1, — avec le Portugal, 1, — l'Autriche, 1, — le Salvador, 1.

ni avec la Suède. Mais les termes de ces derniers traités autorisent à les soumettre à la protection conventionnelle. Il semble bien au contraire qu'elles doivent être exclues de la protection dans les rapports de la France avec les Pays-Bas.

Quant aux œuvres dramatiques, elles sont en général nominativement désignées dans les conventions. Et il n'en est heureusement pas avec les autres pays comme il en était avec la Russie. Bien que le traité de 1861 prît formellement sous sa protection les œuvres dramatiques et musicales, la jurisprudence russe était unanime à reconnaître que cela ne suffisait pas pour garantir aux dramaturges français en Russie, le droit de représentation! Aussi, le *Théâtre Michel,* à Saint-Pétersbourg, ne se faisait-il pas faute, couvert par cette jurisprudence, de piller notre répertoire, se souciant aussi peu de demander l'assentiment de l'auteur, que de lui payer une rétribution quelconque (1).

(1) Toutefois, au mois de juin 1882. un traité valable pour Paris a été conclu entre M. Wsevolojski, directeur des théâtres impériaux de Russie, et MM. Camille Doucet, président de la commission des auteurs dramatiques français. Aux termes de ce traité, nos auteurs toucheront 25 fr. par acte pour toutes les pièces qui, imprimées en France sont représentées au *Théâtre Michel.* Libre à eux, pour le cas où ils obtiendraient un grand succès, de ne pas faire imprimer leurs pièces, et de traiter directement de leur vente avec tel ou tel impressario français ou étranger. Comp. Renault, p. 43. — Darras, p. 590. — « *Par suite d'une interprétation erronée* de la convention littéraire de 1861, le tribunal de Moscou condamna en janvier 1884, le directeur d'un théâtre de Moscou, pour avoir représenté des opérettes françaises sans l'autorisation des auteurs, à la réclusion aux travaux forcés. pendant plus de treize mois. Mais la Cour d'Appel annula cet arrêt. » De Martens, t. 2, p. 229 et n. 2.

Reste à notre point de vue, une question semblable à celle que nous avons déjà vue à propos du décret de 1852. Cette protection conventionnelle doit-elle seulement s'appliquer aux œuvres parues postérieurement à la signature du traité? Rétroagit-elle au contraire aux œuvres parues antérieurement? Nous admettons l'effet rétroactif des conventions qui sont restées muettes sur ce point (Suède et Norwège), et cela pour des motifs identiques à ceux qui nous ont fait admettre la même solution dans le silence du Décret. D'ailleurs, l'adoption du système opposé ne nuirait, pour ainsi dire, qu'aux auteurs français qui auraient été contrefaits dans le pays étranger avant la conclusion de la convention ; les ressortissants de ce dernier pays, pourraient, en effet, à défaut de non-rétroactivité de la protection conventionnelle, invoquer, pour recevoir protection, les dispositions si larges du Décret de 1852.

Certains traités excluent nettement de la protection, les œuvres parues avant qu'ils ne soient devenues exécutoires (Pays-Bas, 1, — Russie, 1). Pour ceux-là, pas de difficulté ; la contrefaçon des œuvres qui leur étaient antérieures a continué à être permise et licite, même après leur promulgation.

L'effet rétroactif est admis par la convention franco-autrichienne (art. 11), mais, pour concilier les droits des auteurs avec les intérêts des libraires et éditeurs, la convention fixe un certain délai pendant lequel les éditions antérieures pourront être estampillées. Moyennant l'accomplissement de cette forma-

(1) Cette solution est celle qu'avaient admise dans leurs conventions, la plupart des autres pays européens qui ont ensuite adhéré à l'Union de Berne.

lité, la protection a un effet rétroactif (1). — La convention franco-portugaise (art. 4), n'écarte la rétroactivité de ses dispositions que pour les œuvres dramatiques et musicales.

III. *Portée de la protection.* — Dans le silence des conventions sur le point de savoir quels faits constituent le délit de contrefaçon, les tribunaux doivent évidemment s'inspirer des données fournies par les deux lois en présence. C'est ce qui arrive dans nos relations avec les Pays-Bas, la Suède et la Norwège. — Les traités avec le Portugal (art. 11), avec l'Autriche (art. 10), spécifient nettement, au contraire, qu'il suffira de consulter la loi territoriale, sans s'occuper de la loi d'origine.

Certains faits sont d'ailleurs textuellement prévus par les traités et déclarés délictueux. La « vente et l'exposition » sont prohibées dans nos conventions avec la Russie (art. 7, § 1), avec l'Autriche (art. 9), le Portugal (art. 10). « L'introduction, la circulation, la vente et l'exposition » sont interdites dans les traités avec les Pays-Bas (art. 5), le Salvador (art. 11). L'introduction en transit est-elle elle-même prohibée dans ces dernières conventions? — La jurisprudence française (1) ne distingue pas entre l'introduction faite dans un but d'importation, et l'introduction en transit. Avec raison, ce nous semble. Sans doute, par l'effet d'une fiction, le pays de l'exportation se prolonge jusqu'au pays de l'importation, quand une marchandise ne fait que traverser un autre pays; mais, ce n'est qu'un règlement de fiscalité, qui ne peut et ne doit pas s'étendre à la protection des délits.

(1) Pouillet, p. 481.

Une fois le délit de contrefaçon établi, c'est la loi de celui des deux Etats contractants sur le territoire duquel le fait a été commis, et devant les tribunaux de qui les poursuites sont exercées, qui doit être consultée. C'est, en effet, un principe d'ordre public, que dans la répression pénale, les juges d'un pays n'appliquent jamais une loi étrangère.

Les conventions protègent-elles le droit de traduction à l'égal du droit de reproduction ? — Nous avons déjà signalé l'importance de cette question : nous y insisterons à nouveau, lorsque nous parlerons de l'Union de Berne. — Il est d'abord évident que le traducteur d'une œuvre qu'il a licitement traduite, doit avoir sur sa traduction, les droits que tout auteur a sur son œuvre propre, c'est-à-dire qu'il peut interdire la reproduction de cette traduction (1), sans toutefois pouvoir empêcher une autre traduction de la même œuvre, le droit exclusif qu'il possède s'appliquant à la seule version qu'il a donnée. C'est ce que proclament les conventions avec les Pays-Bas (art. 3, § 2), — le Portugal (art. 3, *in fine*), — l'Autriche (art. 4), — le Salvador (art. 4), — la Russie (art. 5). — Autre est la question de savoir, si l'on reconnaîtra à l'auteur d'un ouvrage le droit d'en autoriser ou d'en faire seul la traduction, et si l'on assimilera une traduction faite sans le consentement de l'auteur de l'œuvre originale, à une

(1) Il pourra ainsi arriver qu'un auteur soit contrefacteur ; si, par exemple, après avoir publié un livre et qu'un autre l'ait traduit, il reproduit, sauf des différences de détail, cette traduction antérieure. — Tribunal de Leipzig, 4 avril 1887, — *Schriftsteller-Zeitung*, 15, mai 1887, p. 242. — *J. Clunet*, 1888, p. 213.

reproduction illicite ? Sur ce point, les conventions avec la Russie et les Pays-Bas sont muettes ; mais, comme elles assurent aux auteurs français la même protection que celle accordée par les lois internes aux auteurs russes ou hollandais, il est nécessaire de consulter la législation de chacun de ces deux pays. Or, la loi russe autorisant la traduction, il s'en suit que les auteurs français ne sont pas protégés en Russie contre les traductions illicites (1). Au contraire, l'article 5 de la loi hollandaise du 28 juin 1881 (2), réserve à l'auteur le droit de traduction pendant cinq ans, à condition qu'il ait fait une réserve de ce droit en tête de son ouvrage, et qu'il en ait commencé lui-même la traduction dans un délai de trois ans : moyennant l'observation de ces conditions, les Français jouiront de ce droit en Hollande, durant le même laps de temps.

Moins étroite est la convention franco-portugaise qui réserve (art. 5), à l'auteur, le droit exclusif de traduction pendant cinq ans seulement, sous la condition que la traduction soit commencée dans l'année, et terminée en trois ans. Condition qui, pour le dire en passant, enlève beaucoup de l'utilité pratique de la mesure protectrice ; quel sera, en effet, l'auteur assez hardi pour se risquer à commencer dans l'année même de l'apparition de son œuvre originale, une traduction de cette œuvre, alors qu'il ne peut encore savoir si l'œuvre aura de la vogue ? C'est un délai bien court, particulièrement pour les œuvres scienti-

(1) Fliniaux, p. 21.
(2) Ch. Constant, p. 279.

fiques et de longue haleine (1). — Les conventions avec l'Autriche (art. 5) et le Salvador (art. 5) ont, sur ce point adopté les véritables principes. Aucun délai n'est imparti à l'auteur pour opérer la traduction de son œuvre ; et le droit de traduction jouit de la même protection que le droit de reproduction des ouvrages originaux (2). Cette dernière convention, à la différence du traité franco-autrichien, n'impose même pas à l'auteur qui veut sauvegarder son droit de traduction, l'obligation d'en faire la réserve en tête de son ouvrage. Et pourtant, ce ne serait pas là une mesure vexatoire. Ne se peut-il pas, en effet, qu'un auteur, plus soucieux de se faire connaître que de jouir d'avantages pécuniaires considérables, désire voir contrefaire son livre à l'étranger, afin d'être goûté d'un plus grand nombre de lecteurs?

Dans le but de favoriser l'enseignement de la littérature et des arts étrangers, certaines conventions suspendent la protection en faveur des *chrestomathies*, c'est-à-dire des ouvrages composés de fragments, de morceaux choisis de différents auteurs. Voici ce que dispose l'article 9 de notre traité avec le Portugal : « Sera réciproquement licite la publication dans chacun des deux pays, d'extraits ou de morceaux entiers d'ouvrages ayant paru pour la première fois dans l'autre, pourvu que ces publications soient spécialement appropriées ou adaptées pour l'enseignement ou l'étude, et soient accompagnées de notes explicatives ou de traductions interlinéaires ou mar-

(1) Comp. Renault, p. 40.
(2) Fliniaux, p. 23. — Darras, p. 629.

ginales dans la langue du pays où elles sont imprimées. » Dispositions analogues dans le traité avec le
Salvador (art. 7). — La convention franco-néerlan-
daise (art. 2, déclaration de 1860) présente ceci de
particulier qu'elle autorise en Hollande les *chrestomathies* composées de morceaux choisis d'auteurs
français, sans qu'elle stipule le même avantage en
faveur des éditeurs français. Est-ce un hommage
rendu à la richesse de notre littérature, mise en regard de la littérature hollandaise?

Enfin, le rôle important que joue la presse depuis
quelques années en particulier, donne un vif intérêt à
une disposition que contiennent bon nombre de nos
conventions, et qui est ainsi conçue : « Les articles
extraits de journaux ou de recueils périodiques, publiés dans l'un des deux pays, pourront être repro
duits dans les journaux ou recueils périodiques de
l'autre pays, pourvu que l'origine en soit indiquée.
Toutefois, cette faculté ne saurait être comprise
comme s'étendant à la reproduction dans l'un des
deux pays, des feuilletons de journaux ou des articles de recueils périodiques publiés dans l'autre,
dont les auteurs auraient déclaré d'une manière évidente dans le journal ou le recueil même où ils les
auront fait paraître, qu'ils en interdisent la reproduction. Cette dernière disposition ne sera pas applicable aux articles de discussion politique (1). »

IV. *Formalités nécessaires pour être protégés.* —
Il serait superflu de démontrer l'importance pratique
de cette question, puisque, du plus ou moins grand

______

(1) Pays-Bas, 4. — Russie, 5. — Portugal, 8. — Autriche, 8.
— Comp. Salvador, 8.

nombre de formalités à accomplir, dépend le plus ou moins de facilité qu'ont les auteurs à se faire protéger (1). Les conventions n'ont malheureusement pas, en général du moins, suivi le vœu qu'émettait en 1858 le Congrès de Bruxelles, que s'appropriait celui de Paris en 1878, vœu d'après lequel on ne devait pas imposer des formalités particulières aux auteurs étrangers, pour les admettre à poursuivre leurs droits, mais bien se contenter de l'accomplissement des formalités requises par la législation du pays où s'est faite la publication originale.

Les conventions franco-portugaise (art. 3) et franco-autrichienne (art. 2) se ressemblent en ce qu'elles exigent toutes deux l'enregistrement dans le pays où la protection est invoquée : mais la première impartit un délai de trois mois, dans lequel doit s'opérer cette formalité ; la seconde ne fixe aucun délai. Plus simple est le système admis dans nos relations avec la Russie, les Pays-Bas, la Suède et le San-Salvador. Voici la clause qui se trouve répétée sous des formes peu différentes dans ces divers traités : « Pour assurer à tous les ouvrages d'esprit et d'art la protection..., il suffira que lesdits auteurs ou éditeurs *justifient* de leur droit de propriété, en établissant *par un certificat de l'autorité publique compétente en chaque pays que l'ouvrage en question est une œuvre originale qui, dans le pays où elle a été publiée, jouit de*

---

(1) Ce sont les formalités à accomplir qui bien souvent nuisent à la protection édictée par les conventions. Ainsi, des irrégularités de forme ont amené, en Angleterre, la perte du droit de représentation sur le *Faust* de Gounod, et sur *Frou-Frou*. — *J. Clunet*, 1888, p. 223.

*la protection légale contre la contrefaçon ou la re-
production illicite.* »

A propos des formalités, signalons une réforme
proposée par M. Fliniaux, dont l'esprit avait été frappé
de la difficulté que peuvent avoir les intéressés à
savoir si un ouvrage est tombé dans le domaine public. Il leur faut en effet, connaître le moment où
cessent les droits de l'auteur, des héritiers, et pour
cela, ils doivent s'assurer de la date de la publication
de l'ouvrage, et de celle du décès de l'auteur. Recherches qui sont souvent fort longues et difficiles, à
raison du peu de notoriété dont a joui l'auteur ! Aussi
M. Fliniaux (1), s'appuyant sur l'exemple de la loi
japonaise — art. 21 de la Loi de 1875 — propose-t-il
d'obliger les éditeurs à apposer sur chaque volume la
limite du droit dont l'œuvre est l'objet par une formule
ainsi conçue : « *Droits des successeurs de l'auteur non
commencés* », et après le décès de l'auteur « *Droits
des successeurs de l'auteur commencés le...* » Dès
l'instant qu'aucune de ces deux mentions ne serait
inscrite sur un ouvrage, c'est que ce dernier serait
tombé dans le domaine public. Par contre, ces indications ne feraient évidemment pas foi absolue du droit
privé de l'auteur, et leurs indications seraient susceptibles d'être combattues par la preuve contraire.

Dès que les formalités légales ont été remplies, l'auteur est en mesure de faire respecter le droit privatif
qu'il a sur son œuvre. Il pourra mettre en jeu l'action
pénale dans le cas où l'acte de contrefaçon constituerait un délit, intenter une action en dommages-

(1) *Op. cit.* p. 39.

intérêts, faire procéder à la saisie des ouvrages contrefaisants.

A ce dernier point de vue, il est une question intéressante à indiquer, bien qu'à notre connaissance, elle ne se soit pas encore présentée en pratique. La voici. Quelques traités prescrivent l'observation de certaines formalités pour la saisie des ouvrages contrefaisants. L'un des deux Etats co-contractants pourrait-il par une *loi* postérieure, — donc, par un acte unilatéral — diminuer ces formalités? Les formalités de la saisie étant diminuées, par là même, est augmentée la protection effective du droit des auteurs ; une protection est en effet d'autant plus grande que sa mise en œuvre est moins difficile. Par contre, le commerce peu recommandable des contrefacteurs est d'autant plus atteint, que la saisie des œuvres contrefaisantes est moins entravée. — Nous croyons qu'il faut répondre en toute assurance, qu'un des deux Etats co-contractants ne peut, par sa seule volonté, diminuer les formalités que le traité avait imposées comme condition de la saisie. Il est en effet un principe qui à lui seul tranche la question, et devant lequel tombent tous les arguments; c'est que *une loi ne peut abroger un traité*, ni en tout, ni en partie. Pour conclure un traité comme pour faire un contrat, il faut le concours de deux volontés ; pour rompre le lien formé par le contrat ou par le traité, il faut le même concours de volontés (1).

(1) Comp. M. Duvergier, *Pat.* 1860, p. 49.

CHAPITRE IV

L'UNION DE BERNE.

SECTION Ire

HISTORIQUE.

Si les traités internationaux étaient un progrès sur l'état de choses antérieur, leur multiplicité devint pour les auteurs qu'il s'agissait de protéger, la source de grands embarras. La mesure et la durée de la protection étant souvent différentes de traité à traité, les formalités à accomplir variant selon les conventions, les auteurs et les artistes pouvaient avoir de grandes difficultés et pour connaître et pour protéger leurs droits. Ajoutez à cela que la protection de la propriété littéraire, parfois contenue dans des traités de commerce, cessait avec la dénonciation de ces derniers, et reposait ainsi sur une base fragile, susceptible d'être anéantie d'un instant à l'autre, soit à raison de l'état de guerre entre les deux Etats, soit à raison d'intérêts économiques demandant aujourd'hui la dénonciation du traité de commerce que des intérêts opposés avaient édifié hier.

Aussi, comprend-on la naissance du mouvement qui, depuis 1878 en particulier, s'est nettement dessiné en faveur d'une union internationale pour la protection du droit des auteurs.

Déjà, dans la première moitié de ce siècle on peut trouver des aspirations à un tel état de fait. En 1831, le vicomte Siméon prévoyait devant la chambre des Pairs « une loi internationale dont la possibilité sourit aux amis des lettres (1). » Et Lamartine, en 1841, s'écriait devant la chambre des députés : « Tout le monde se plaint, tout le monde demande un *droit international* nécessaire à instituer pour tous. »

Tous ces vœux généreux étaient malheureusement restés sans aucun résultat pratique. Et il fallut aux intéressés une insistance particulière et de longues années de lutte pour arriver à atteindre, dans la voie de la protection internationale, nous ne dirons pas, l'idéal en la matière, mais du moins un progrès des plus sérieux et des plus remarquable. Aux Congrès littéraires et artistiques revient la première place dans la phase préparatoire de l'Union.

Ce fut à Bruxelles, du 27 au 30 septembre 1858, que s'ouvrit le premier Congrès (2). « L'ancienne coupable, a-t-on dit, appelait ses anciennes victimes à discuter ». Ces dernières prirent entr'autres cette résolution : « Il est désirable que tous les pays adoptent pour la propriété des ouvrages de littérature et d'art une législation reposant sur des bases uniformes (3). »

Trois ans plus tard, nouveau congrès à Anvers, où huit gouvernements étaient représentés, et nouvelles résolutions dans le même sens. « 1° Le Congrès estime que le principe de la reconnaissance internationale des œuvres artistiques en faveur de leurs auteurs, doit prendre place dans la législation de tous les peuples civilisés. — 2° Ce principe doit être

(1) *Moniteur*, 21 mai 1839.
(2) *Pat.* 1858, p. 417.
(3) Clunet. — *Etude sur la Convention d'Union internationale, p. 11.*

admis de pays à pays, même en l'absence de réciprocité. — L'assimilation des artistes étrangers aux artistes nationaux doit être absolue et complète (1). »

Les mêmes idées étaient défendues dans le Congrès artistique tenu à Anvers en 1877 (2) à l'occasion du troisième centenaire de Rubens.

Vinrent ensuite les Congrès réunis en France en 1878, lors de l'Exposition universelle. Le Congrès littéraire s'ouvrit le 25 juin. On y remarquait une assemblée d'élite composée des littérateurs, des éditeurs et des juristes les plus en renom des deux Mondes; c'étaient véritablement « les représentants les plus autorisés de la littérature universelle (3) » qui venaient traiter d'une question internationale des plus délicate et des plus intéressante. Il vota l'assimilation du traitement entre l'œuvre d'origine étrangère et celle d'origine nationale. Mais un des résultats les plus pratiques de ce Congrès fut la création d'une *Association internationale* ouverte aux sociétés littéraires et aux écrivains de tous les pays. On comprit, en effet, que les *desiderata* exprimés dans les Congrès risquaient fort de rester longtemps, sinon toujours, à l'état platonique, s'il ne se trouvait une association qui continuât à préparer le terrain après la clôture des travaux, et qui pût s'interposer auprès des gouvernements, pour les amener par des sollicitations réitérées à amender la protection des auteurs et des artistes. Le 28 juin 1878, l'*Association littéraire internationale* était fondée.

(1) Clunet, *loc. cit.* -- *J. Clunet*, 1877, p. 257.
(2) Mentionnons encore la tentative infructueuse faite en 1871 par les libraires allemands pour arriver à une Union internationale.
(3) *Bull. Ass. litt. internat.*, n° 1, p. 1.

Son premier acte fut l'envoi au ministre des affaires étrangères, d'une lettre où elle attaquait vivement les conventions relatives à la propriété littéraire, qui, selon ses propres expressions « légalisaient la piraterie littéraire ». Ces plaintes étaient certainement exagérées : c'est ce que fit remarquer le ministre des affaires étrangères dans sa réponse du 25 juin 1879. Il reconnaissait pourtant qu'il y aurait certaines améliorations à consacrer notamment en ce qui concerne le droit de traduction (1).

Depuis lors, l'Association se mit résolûment à l'œuvre pour amener une codification internationale des droits d'auteur. Ajoutons, pour être juste, qu'elle fut vivement soutenue dans sa tâche, par une association qui se fonda vers la même époque en Angleterre, l'*Association for the codification and reform of the law of nations*. Toutes deux s'ingénièrent à amener la plus prompte réalisation en matière littéraire du vœu adopté par le congrès artistique de Paris, qui avait tenu ses séances la même année que le congrès littéraire. « Il est à désirer qu'il se constitue entre les divers Etats de l'Europe et d'Outre-Mer, une Union générale qui adopte une législation uniforme en matière artistique. »

Dans les Congrès annuels qu'elle tint à Londres en 1879, à Lisbonne en 1880, à Vienne en 1881, à Rome en 1882, l'Association examina les meilleurs moyens de protéger contre toute atteinte à son droit privatif sur l'œuvre qu'il a produite, l'auteur, de quelque nationalité qu'il soit.

Ne faut-il, enfin, compter pour rien dans les résul-

(1) *J. Clunet*, 1879, p. 465 et s.

tats obtenus, cette fraternité naissant d'une cordiale entente entre écrivains et juristes de nationalité différente, fraternité devant laquelle disparaissent les frontières politiques, et qui est un des plus sûrs moyens pour arriver au succès ? N'est-ce pas l'union qui fait la force ?

Mais, voici venir ce que nous serions tenté d'appeler les antécédents directs et immédiats de l'Union de Berne. C'est aux travaux préparatoires de la Convention d'Union que nous en sommes arrivé (1).

Le 10 septembre 1883, l'Association se réunissait en session extraordinaire à Berne, sous la présidence de M. Numa Droz, conseiller fédéral suisse, pour élaborer « un programme pouvant servir de formule à une Convention universelle, suivant la décision prise au Congrès de Berne en 1882. Après quatre séances laborieusement remplies, durant lesquelles les membres éminents qui y prirent part, « jetèrent une saisissante lumière sur les points controversés, » comme le forgeron « dont le marteau frappant à tour de rôle le métal embrasé, fait jaillir autour de l'enclume des gerbes d'étincelles (2), » un projet de Convention fut adopté. Aux termes de ce projet, une Union générale devait être formée, garantissant dans chaque pays aux étrangers les mêmes droits qu'aux nationaux, le droit de traduction et d'adaptation étant assimilé à celui de reproduction. Le Gouvernement

______

(1) Il sera utile de consulter à ce sujet le *Journal de Clunet* 1884 et 1885, *passim*. — Clunet, *op. cit.*, p. 14 et s. — *Le Droit d'auteur* (organe officiel du bureau de l'Union internationale), 1re année, n°s 1, 2, 3. — *La Bibliothèque universelle et Revue Suisse*, 1885.

(2) *Bibliot. univ. et Revue Suisse*, 1885, p. 229.

suisse fut chargé de le communiquer aux puissances étrangères, afin qu'une Conférence diplomatique puisse ensuite se réunir pour l'examiner. La Conférence, en effet, n'avait eu aucun caractère officiel, et il s'agissait de savoir si les Gouvernements comprendraient de leur côté combien était nécessaire une entente internationale. Ce projet leur fut donc adressé le 8 Décembre 1883, avec une note circulaire qui disait entr'autres : « Nous n'avons point dissimulé aux initiateurs de ce projet les difficultés que rencontrerait sa réalisation immédiate dans toute son étendue. En effet, les conventions récemment conclues ou en vigueur depuis un certain nombre d'années, sont plus ou moins en contradiction avec telle ou telle partie des dispositions de ce projet, et il ne faut pas s'attendre à ce que ces conventions puissent facilement être modifiées avant leur échéance.

» Mais d'autre part, ce serait certainement un grand gain que d'aboutir, dès maintenant, à une entente générale par laquelle se trouverait proclamé le principe supérieur et pour ainsi dire de droit naturel ; que l'auteur d'une œuvre littéraire ou artistique, quels que soient sa nationalité et le lieu de reproduction, doit être protégé partout à l'égal des ressortissants de chaque nation.

» Ce principe fondamental qui ne heurte aucune convention existante, une fois admis, et l'Union générale constituée sur cette base, il est hors de doute que sous l'influence de l'échange de vues qui s'établirait entre les Etats de l'Union, les différences les plus choquantes qui existent dans le droit international, s'effaceraient successivement pour faire place à un régime plus uniforme et conséquemment plus sûr pour les auteurs et leurs ayants-droit. »

Presque tous les Etats accueillirent favorablement cette initiative, et le 8 septembre 1884, étaient représentés à la Conférence diplomatique de Berne : la France, la Belgique, l'Autriche-Hongrie, l'Allemagne, la Grande-Bretagne, la Suisse, les Pays-Bas, la Suède et la Norwège, Costa-Rica, Haïti, le Paraguay et Salvador. D'autres pays, tout en adhérant au principe, n'avaient pas envoyé de délégués pour des causes diverses. Tels étaient : l'Italie, l'Espagne, le Portugal, le Brésil, et la République Argentine.

Comme base des travaux de la Conférence (1), le gouvernement fédéral avait préparé un programme plus complet que le projet voté l'année précédente. Mais on dut au préalable discuter la motion présentée par la délégation allemande, qui demanda si, « au lieu de conclure une Convention basée sur le principe du traitement national, il ne serait pas préférable de viser dès à présent, à une codification réglant d'une manière uniforme pour toute l'Union projetée et dans le cadre d'une Convention, la totalité des dispositions relatives à la protection du droit d'auteur? » Malgré tout ce qu'avait de désirable la réalisation d'un tel projet,

(1) Signalons l'hommage rendu à la France, par M. le conseiller Reichardt, délégué de l'Allemagne, lorsqu'il s'est agi de nommer le vice-président de la Conférence : « Je vous propose, Messieurs, de prier S. E. M. l'Ambassadeur de France de vouloir bien se charger de cette seule et unique vice-présidence, et d'agréer de cette manière *l'hommage rendu*, non-seulement à l'homme éminent et ami de notre œuvre, mais encore *à la France*, qui, nous le savons tous, *a toujours été des premières à prêter son puissant appui dès qu'il s'est agi de proclamer, de faire connaître, ou de perfectionner la protection du droit d'auteur.* »

il ne fallait pas oublier que le mieux est souvent l'ennemi
du bien, et que, selon le mot de M. Louis Ulbach « il ne
faut pas violenter le temps. » Trop différents sont
encore les principes admis en cette matière par
chaque peuple ; trop nombreuses et trop diverses
sont les conventions conclues entre nations, pour
qu'il soit permis de songer de sitôt à une codification
internationale. Aussi, tout en émettant un vœu favorable à l'admissibilité dans les lois et les conventions
de principes uniformes, la Conférence élabora-t-elle
un projet de convention internationale, signé par
tous les délégués présents, et qui, par les soin du
conseil fédéral « fut transmis aux gouvernements de
tous les pays civilisés avec prière de l'examiner et
de donner des instructions définitives à leurs délégués pour une nouvelle conférence (1). »

Si ce projet ne fut pas plus libéral, ce n'était certes
pas la faute des délégués suisses et français. Ils
eurent beau revendiquer « pour les auteurs la protection la plus étendue, spécialement sous le rapport
du droit de traduction, des emprunts licites, de
l'adaptation, (2) » ils se heurtèrent aux résistances, —
compréhensibles, il faut l'avouer, — d'autres délégations qui « objectaient que dans l'état de la législ-
lation intérieure de leur pays, il leur était impossible
d'aller si loin ; elles voulaient bien consentir à un
certain progrès, mais si on leur demandait trop, elles
battraient en retraite (3). »

C'est alors que se firent jour les réclamations acri-

(1) M. Droz, *Actes de la troisième Conférence*, p. 12.
(2) *Bibliot. univ. et Revue suisse*, 1885, p. 236
(3) *Eodem loco.*

monieuses du *syndicat des sociétés littéraires et artistiques* (1), déclarant qu'il valait mieux que la France s'abstînt de conclure une convention générale, beaucoup moins favorable que certains traités particuliers. Dans une magistrale étude (2), M. Droz montra le peu fondé de ces accusations ; le projet de convention n'était pas la perfection, mais un progrès, « il laisse subsister les concessions déjà obtenues et permet d'en acquérir d'autres de la part des pays peu avancés. »

Une seconde conférence diplomatique se réunissait à Berne en 1885, à l'effet d'étudier le projet élaboré en 1884 (3). L'Autriche-Hongrie et le Salvador n'y étaient pas représentés cette fois ; par contre, l'Espagne, l'Italie, la Tunisie, les Etats-Unis d'Amérique, la République Argentine et le Honduras y avaient envoyé des délégués. Une discussion des plus sérieuses de ce projet remplit les séances tenues du 9 au 17 septembre 1885. On aboutit au deuxième projet d'Union, modifiant celui de 1884 spécialement en ce qui touchait le droit de traduction, la question de l'adaptation, et la reproduction des articles de journaux ou de recueils périodiques.

Il fut entendu avant de se séparer qu'une nouvelle Conférence se tiendrait l'année suivante à Berne, mais que cette fois, les textes adoptés par la Conférence de 1885 ne pourraient plus être modifiés. Et, le 9 septembre 1886, à la suite de cette troisième Conférence diplomatique, la Convention était adoptée par

(1) *J. Clunet*, 1885, p. 72.
(2) *J. Clunet*, 1885, p. 163.
(3) *J. Clunet*, 1885, p. 481.

les plénipotentiaires de la France (1), de la Belgique, de l'Espagne (2), de l'Allemagne, de la Grande-Bretagne (3), d'Haïti, Libéria, Suisse et Tunisie. Deux autres Etats, qui avaient pourtant pris part à cette dernière Conférence s'abstinrent : le Japon, parce que sa délégation n'y avait assisté qu'*ad audiendum,* et les Etats-Unis, parce que la constitution américaine réserve à la législation le droit de se prononcer en pareille matière.

La ratification des Parlements était nécessaire pour faire de la Convention un instrument ayant force de loi. Un an plus tard, il était procédé à l'échange des ratifications intervenues de la part de tous les Etats co-signataires, sauf de la République de Libéria. Et, définitivement créée le 5 septembre 1887, l'Union entrait en vigueur le 1er janvier 1888.

(1) Notre pays déclara en même temps que son adhésion entraînait celle de toutes nos colonies. — Décret du 29 octobre 1887, art. 1 : « Les dispositions législatives qui règlent en France la propriété littéraire sont rendues applicables aux colonies. » — *France judiciaire*, 1888, 2, p. 193.

(2) Le protocole d'échange des ratifications du 5 septembre 1887 contient une disposition suivant laquelle « l'accession de l'Espagne à la Convention emporte celle de tous les territoires dépendant de la couronne espagnole. — *J. Clunet*, 1884, p. 635. — Soland, *Revue générale*, 1887, p. 519.

(3) Même déclaration de l'Angleterre pour son immense empire colonial. Notons toutefois une particularité contenue dans le procès-verbal de signature du dernier Congrès (9 sept. 1886. — *Actes pour la troisième conférence internationale*, p. 43 et p. 21). Il est réservé « au gouvernement de Sa Majesté britannique la faculté d'en annoncer en tout temps la dénonciation, séparément, pour une ou plusieurs des colonies ou possessions suivantes, en la manière prévue par l'art. 20 de la Convention, savoir : les Indes, le dominion du Canada, Terre-Neuve, le Cap, Natal, la Nouvelle-Galles du Sud, Victoria, Queensland, la Tasmanie, l'Australie Méridionale, l'Australie Occidentale et la Nouvelle-Zélande. » *J. Clunet, loc. cit.* — Soland, *Revue gén., loc. cit.*

SECTION IIe

QUESTIONS GÉNÉRALES

Il ne faut pas se dissimuler l'importance de la Convention du 9 septembre 1886, qui « constitue un des actes internationaux les plus considérables du siècle. Devant ce résultat inespéré, ses promoteurs ravis et émus demandent s'il est bien vrai que l'ère du rêve soit déjà close (1). » Par le seul effet de cet acte, 500 millions d'individus se trouvent solidaires sous le rapport de la protection qu'ils accordent aux auteurs et aux artistes, « s'inclinant devant cette propriété sacrée entre toutes, mais d'essence toute métaphysique, niée pendant si longtemps, ne comptant pas même un siècle d'existence et qui s'appelle le droit de l'auteur sur son œuvre (2). »

Il est permis d'espérer que d'autres pays viendront encore par leur adhésion à cette Union, augmenter le nombre déjà si considérable des intérêts protégés par cette dernière. L'article 18 de la Convention réserve en effet aux Etats non adhérents, la faculté d'y accéder sur une simple notification écrite. Une seule condition est exigée, c'est que ces pays assurent chez eux la *protection légale* des droits faisant l'objet de la Convention. Cela se comprend ; le principe général posé par l'Union est l'assimilation des auteurs ressor-

(1) Clunet, p. 33.
(2) Clunet, p. 1. — *Adde.* M. Droz, au discours de clôture des travaux de la conférence de 1885 (*J. Clunet*, 1885, p. 496) : « L'Union de Berne est une affirmation éclatante de la conscience universelle en faveur du droit d'auteur, c'est une œuvre de rapprochement fraternel entre les peuples. »

tissants à l'un des pays de l'Union, aux *nationaux* des autres pays contractants. Encore faut-il donc que les *nationaux* des pays adhérents soient protégés chez eux !

Deux Etats sont déjà venus s'adjoindre à l'Union : le Grand-Duché de Luxembourg, par la loi du 23 mai 1888, et la principauté de Monaco, en date du 30 mai 1889 (1).

D'autres pays, tout en s'étant intéressés aux travaux de l'Union, n'y ont pas encore adhéré, tels sont l'Autriche-Hongrie, la Suède et Norwège, le Japon. Ces nations n'ont pas cédé au puissant mouvement qui, en 1886, entraînait tant d'Etats dans une Union considérée par eux comme nécessaire. Maintenant que l'actualité de la question est passée, qu'ont disparu aussi les discussions si entraînantes qu'elle souleva, il est à craindre que longtemps encore ces pays fassent attendre leur accession.

Mais il est un peuple surtout dont l'adhésion à l'Union de Berne serait un des plus rudes coups portés à la contrefaçon ; nous parlons des Etats-Unis. La lutte y est plus vive que jamais entre partisans et adversaires des traités internationaux (2). Du jour où les premiers seront arrivés au pouvoir, l'accession s'en suivra à bref délai. Trois ligues principales soutiennent les revendications de ce parti : l'*Inter-*

---

(1) La principauté monégasque jouissait depuis le 27 février 1889 d'une ordonnance souveraine rendue par le prince de Monaco, Charles III, ordonnance en 39 articles, régisssant de la façon la plus satisfaisante la protection des œuvres littéraires et artistiques. — V. *Droit d'Auteur*, mai 1889, p. 53.

(2) Les Etats-Unis n'ont jusqu'alors passé de convention littéraire avec aucun peuple.

national Copyright league, l'*American Copyright
league*, et l'*International Copyright Association of
New-England*. Malgré la résistance acharnée que
leur font les partisans du *statu quo* (1), elles ne se
découragent pas. Elles cherchent à démontrer la
fausseté des aphorismes que ces derniers jettent dans
le peuple ; qu'il ne faut pas comparer l'intérêt de
quelques centaines d'écrivains à celui de 40 millions
de lecteurs ; qu'une protection littéraire ne ferait
qu'encourager, selon le mot de lord Cambden : *les
mauvais écrivains et les charlatans de la littérature*
(the wretched scribbers and charlatans of litterature).
En 1886, le sénateur Jonathan Chace (2), présentait
un projet de loi admettant au bénéfice de la protection
légale les auteurs de publications faites à l'étranger,
moyennant que l'œuvre soit imprimée en Amérique.
Et, dans un rapport, on peut lire, que le moment est
venu, pour les Etats-Unis, de cesser d'être *la côte de
barbarie de la littérature* (3), et pour le peuple des

(1) En tête de l'opposition, figure l'*American Press Association*. Elle fait circuler dans les rédactions des journaux
des circulaires où elle insiste sur le grave préjudice qui serait
porté au journalisme par l'adoption de lois protectrices du
droit d'auteur. Les journalistes, en effet, ne pourraient plus
prendre des feuilletons sans l'assentiment des auteurs, et sans
bourse délier.
(2) Sur ce projet de M. Chace, et sur le mouvement d'une
protection littéraire internationale aux Etats-Unis, *voy. Droit
d'Auteur* 1888, pp. 18, 26, 36, 59, 80, 114. — 1889, pp. 33, 102.
— Comp. *Deutsche Presse*, 1888, n°s 5 et 8. — Le projet Chace
a été adopté au Sénat, le 9 mai 1888 ; reste l'assentiment de la
Chambre.
(3) Cf. Le message du président Cléveland, adressé aux
Chambres le 6 décembre 1886 : « L'impulsion qui se fait sentir
dans les sociétés civilisées vers la pleine reconnaissance des
droits de propriété sur les créations de l'esprit humain a
abouti à l'adoption d'une Convention internationale concer-

Etats-Unis, de cesser d'être *les flibustiers des livres*
(to be the Barbary coast of litterature, to be the
buccaneers of books). C'est une première tentative
pour la protection effective du droit des auteurs.
Peut-être les Etats-Unis adhéreront-ils un jour à
l'Union (1).

Saisissons l'occasion de signaler le grand mouvement en faveur de la protection de la propriété
littéraire et artistique qui s'est développé dans l'Amérique du Sud. Après un Congrès, réuni en 1888, à
Montévidéo, un traité à ce relatif a été signé le
11 janvier 1889, par les délégués des sept Etats :
Confédération Argentine, Bolivie, Brésil, Chili, Paraguay, Pérou. Uruguay, qui représentent une popu-
lation de 24 millions d'habitants (2). Mais ces Etats

nant les droits des auteurs, Convention signée à Berne. » Il
fait ensuite ressortir que le droit d'y adhérer *a été réservé*, et
ajoute : « J'ai la certitude que vous vouerez à cette matière
l'attention qu'elle mérite, et que les revendications justes des
auteurs seront dûment prises en considération. »

(1) V. toutefois, dans *J. Clunet*, 1889, p. 439, l'expression
d'un fort doute sur une prochaine adhésion des Etats Unis à
l'Union de Berne.

Ce pays, d'ailleurs, qui frappe d'un impôt de 30 % les tableaux, et de 25 % les livres qui y sont importés, pour protéger
la propriété littéraire et artistique indigène, devrait être logique
jusqu'au bout, et en protégeant énergiquement le droit des
auteurs étrangers, il protégera par là même ses propres auteurs.
— *J. Clun.*, 1888, p. 327. — Comp. *J. Clun.*, 1888, p. 635.

(2) *Droit d'Auteur*, 1889. p. 52. — Les rédacteurs de ce
traité, en 16 articles, ont pris modèle sur la Convention de
Berne. Ils s'en écartent, toutefois, sur certains points, mais
pour édicter une protection plus rigoureuse du droit d'auteur. C'est ainsi, par exemple, que le traité assimile le droit
de traduction au droit de reproduction, tandis que l'Union de
Berne, comme nous le verrons, ne le protège que durant
10 ans ; qu'il protège expressément les *photographies*, et les
œuvres *chorégraphiques*, etc.

ne forment pas entre eux une union, ainsi que l'ont fait les Etats ayant adhéré à l'Union de Berne. D'après l'article 13, le traité entrera en vigueur, entre les Etats qui le ratifieront, qu'ils soient nombreux ou non, et il n'y a aucun délai réservé pour l'échange des ratifications.

Sil est un pays au contraire qui semble devoir rester étranger à l'Union, sinon toujours, au moins de longues années encore, c'est la Russie (1). Elle n'avait jamais conclu que deux conventions littéraires, l'une avec la Belgique, l'autre avec la France. Encore est-il permis de croire que ces traités conclus peu de temps après la guerre de Crimée, lui ont été imposés (2) ! En dénonçant ces conventions en 1885, elle a témoigné par là du peu d'intérêt qu'elle attache à se lier par des conventions littéraires avec d'autres peuples. D'ailleurs comme elle emprunte plus qu'elle n'a à offrir, elle perdrait à entrer dans l'Union. Il est vrai que sa littérature nationale semble se développer (3). Ne pourrait-il arriver aussi que les éditeurs russes soient amenés par la concurrence effrénée qu'ils se font, à suivre l'exemple des éditeurs américains et à réclamer une protection ?

Malgré de si regrettables absences, il n'en reste pas moins que *onze* Etats sont aujourd'hui liés par l'Union de Berne.

De ces nations, plusieurs étaient liées antérieure-

(1) V. « *La Russie et la convention de Berne.* » *Droit d'auteur*, 1888, p. 122.
(2) De Martens, p. 233.
(3) En 1887, par exemple, les deux célèbres romanciers Pouschkine et Tolstoï, avaient, le premier, 1.500.000 exemplaires imprimés en Russie, le second, 667,700.

ment avec la France par des traités particuliers. Que
va-t-il advenir de ces Conventions primitives? — En
l'absence d'un texte précis sur ce point le doute eut
été permis, et l'on eut pu soutenir avec quelque peu
de vraisemblance que les conventions antérieures se
trouvaient tacitement abrogées par ce nouveau contrat conclu entre différents pays. Aussi, était-il bon
d'insérer le texte contenu dans l'*Article additionnel*
de la Convention, qui s'exprime ainsi. « La convention conclue à la date de ce jour n'affecte en rien le
maintien des conventions actuellement existantes
entre les pays contractants, en tant que ces conventions confèrent aux auteurs ou à leurs ayants-cause
des droits plus étendus que ceux accordés par l'Union,
ou qu'elles renferment d'autres stipulations qui ne sont
pas contraires à cette convention. » — Cette clause
n'enlève pas évidemment aux Etats unionistes, la faculté de déclarer, par des arrangements particuliers
et distincts qu'ils abrogent complètement les traités
antérieurs pour s'en tenir exclusivement à la convention de 1886. Ainsi l'eût fait par exemple, la France et
l'Angleterre en 1887 : le traité de Berne remplace
entre ces deux pays les conventions du 3 novembre 1851 et de l'acte additionnel du 11 août 1875,
qui sont abrogés dans toutes leurs parties (1). Mais,
entre les autres pays unionistes, les anciennes Conventions subsistent, en tant qu'elles accordent aux
auteurs une protection plus large. Il s'agit donc de
combiner leurs dispositions avec celles de l'Union de
Berne : cette dernière amende les stipulations moins

(1) *Officiel*, 17 juillet 1887. — *The London Gazette*, 2 décembre 1887.

favorables des anciens traités, et laisse survivre les dispositions qui se trouvaient plus protectrices du droit d'auteur (1).

Mais cette combinaison devint parfois difficile lorsqu'on rencontre dans les conventions, *la clause de la nation la plus favorisée* (2).

Cette clause arrive à fausser l'esprit des conventions. En effet, les garanties accordées par les traités sont en général réciproques. Or, qu'arrive-t-il avec cette clause, si l'une des deux nations contractantes

(1) Une application intéressante de ce principe a été faite par la Cour de justice civile de Genève le 23 mai 1889, — *Droit d'Auteur*, 1889, p. 77, — cassant une décision contraire rendue par le Tribunal de commerce de Genève le 28 août 1888. — Trois dramaturges français avaient assigné un Génevois pour représentation illicite de leurs œuvres, invoquant la clause du traité franco-suisse de 1882, qui accorde aux auteurs français l'avantage de pouvoir invoquer en Suisse, pour la protection de leurs droits d'auteur, les dispositions de la loi française. Mais le défendeur leur déniait ce droit, prétendant que la Convention de Berne, d'après laquelle (art. 2) les auteurs français ne seraient fondés à invoquer que les dispositions de la législation suisse, avait tacitement abrogé le traité de 1882. Or, la législation française est plus favorable aux auteurs que la loi suisse. Ce traité de 1882 leur accordait donc un droit plus étendu que la Convention de Berne. Et, comme cette dernière maintient, exceptionnellement, et par un texte formel, les clauses des traités antérieurement conclus, en tant que celles-ci confèrent aux auteurs des droits plus étendus que ceux accordés par l'Union, « il ne saurait donc être admis, ainsi qu'il l'a été par le tribunal de commerce que les droits des auteurs français en Suisse ont été réduits par suite de la Convention internationale de 1886. » — Dans le même sens, *v.* tribunal du district de Berne, 26 juin 1889, *Droit d'Auteur*, 1889, p. 99.

(2) Espagne, 1880, 6 — Belgique, 1881, 1 § 4 et déclaration interprétative du 4 janvier 1882. — Allemagne, 1883, 16, § 1. — Italie, 1884, § 10. — Dans toutes ces conventions, la clause ne concerne que les améliorations à venir. — *Comp.*, Suisse, 1882, 1. où elle n'existe qu'en ce qui concerne le droit de traduction, — Mexique, 1886, 2, 2° *in fine*.

7

accorde de grands privilèges à d'autres pays, et que l'autre ne se montre pas libérale ? C'est que cette dernière profitera de tous les avantages accordés par l'autre nation, sans avoir à augmenter chez elle, la protection accordée aux nationaux du premier pays (1). — Pour éviter cet inconvénient, il aurait suffi de faire ce qu'a fait la convention franco-allemande de 1883, art. 16, § 1 ; insérer la clause de la nation la plus favorisée, mais seulement *sous condition* de réciprocité. Si l'Allemagne, par exemple, faisait à des auteurs étrangers une position préférable à celle qu'ont les auteurs français, la France ne pourrait invoquer cette extension de protection, qu'en se déclarant prête à accorder aux auteurs allemands la même position (2).

Est-il besoin d'ajouter qu'à raison de cette clause, les auteurs ne devront plus se contenter de connaître seulement les dispositions du traité conclu par leur pays avec la nation chez qui ils entendent se faire protéger ? Il leur faudra encore, pour connaître exactement leurs droits, consulter toutes les conventions passées par cet Etat étranger avec les autres Etats, afin de voir, si dans cette affluence de traités, il ne s'est pas glissé une clause quelconque qui a modifié leurs droits en les augmentant ! Comment exiger que

(1) On sait quels ont été, en matière commerciale, les funestes résultats de l'article 11 du traité de Francfort, qui contenait cette clause. L'Allemagne bénéficie de tout ce que la France accorde si largement aux autres peuples, et comme, de son côté, elle n'abaisse guère ses frontières douanières vis à-vis de qui que ce soit, nous sommes dans la position de qui donne tout sans rien recevoir en échange.

(2) *Revue de Gand,* 1884, page 463.

des auteurs soient ainsi, à tout instant, mis au courant des progrès réalisés à l'étranger, dans des conventions où leur propre gouvernement n'a pas même été partie (1) ?

Il est vrai que leur situation ne pourra ainsi que s'améliorer ! Il est vrai encore que cette clause crée ce que l'on a appelé « une concurrence forcée dans le progrès. »

Et c'est elle qui, en 1880, permit à MM. Zola et Busnach d'invoquer le traité passé entre la Belgique et la Suisse en 1866, pour faire condamner par la cour de Bruxelles (2), M. Driessens : ce dernier avait donné une représentation de l'*Assommoir*, pièce traduite en flamand, avant qu'elle eût été représentée à Paris.

— La question inverse à celle que nous venons de voir à propos de conventions antérieures à l'Union de Berne, passées entre pays unionistes, se pose également. Ces derniers pourraient - ils désormais conclure de nouveaux traités particuliers ? L'article 15 de la Convention répond à cette question : « Il est entendu que les Gouvernements de l'Union se réservent respectivement le droit de prendre séparément, entre eux, des arrangements particuliers, en tant que ces arrangements conféreraient à leurs auteurs

---

(1) « N'est-il pas dérisoire de dire à un auteur, en lui montrant la convention franco-belge : voilà la charte qui régit les droits français en Belgique. Mais si vous voulez connaître vos droits, sachez qu'ils sont inscrits dans une convention conclue entre la Belgique et l'Espagne, et qu'ils dépendent du sort de cette convention. » — Delalande. *Bull. leg. comp.*, avril 1884.

(2) Arrêt du 17 mai 1880 — *Dal.*, 1881, 2, 117.

où à leurs ayants-cause, des droits plus étendus que ceux accordés par l'Union, ou qu'ils renfermeraient d'autres stipulations non contraires à la présente Convention. » L'Union de Berne constitue donc un *minimum de protection*, en ce sens que deux Etats, y ayant adhéré, ne pourraient plus conclure entre eux une convention moins libérale tout en restant membres de l'Union. Pour ce faire, ils devraient préalablement se retirer de celle-ci (art. 20), notifier cette volonté aux autres Etats unionistes, et laisser s'écouler le délai d'un an afin que la dénonciation produise ses effets. Libre à eux, par contre, de conclure des conventions particulières plus avantageuses ! Libre à eux aussi d'édicter chez eux une législation interne qui fasse à leurs auteurs nationaux une position préférable à celle qui résulte des dispositions unificatives de la Convention, puisque, par ce fait même, se trouve amendée la position des auteurs ressortissants des autres pays de l'Union ; aux termes de l'art. 2, en effet, ceux-ci ont le droit d'être traités à l'égal des nationaux (1).

« Dans le domaine des œuvres de l'intelligence, la Convention est comme la colonne au-delà de laquelle il n'est pas permis de reculer. Au rebours de l'inscription gravée par Hercule, il convient d'y écrire ces mots : *Plus ultrà !* (2) »

— Constatons en passant que certaines difficultés s'étaient produites à propos du titre à donner à la Convention. Les mots, définitivement adoptés,

---

(1) Soldan, *Rev. génér.*, 1887, p. 514. — D'Orelli, *Rev. de Gand*, t. 16, p. 543.
(2) Clunet, p. 61.

d' « *Union internationale pour la protection des œuvres littéraires et artistiques,* » sont le résultat d'une transaction entre la demande des délégués allemands et celle des délégués français. Les premiers ne voulaient pas absolument des termes de « *propriété littéraire* (1), » proposés par les délégués français, objectant que c'était contraire à l'état de la législation allemande (2). Nos délégués, à leur tour, ne voulurent pas accepter l'expression de « *droits d'auteur* »; après quelques joûtes oratoires, on aboutit à l'expression transactionnelle adoptée de tous. Mais il fut bien entendu qu'on ne voulait pas trancher la question de savoir quelle était la nature juridique du droit en question, et par suite l'expression employée correspond à ce que l'on nomme *propriété littéraire,* en France, *droit d'auteur,* en

(1) Les mots « *propriété littéraire et artistique* » se retrouvent dans toutes les conventions anciennes entre la France et les différents pays : Grande-Bretagne, 1852, 1, et 1875, déclaration. — Espagne, 1854, 1 et 7. — Saxe, 1856 et 1861, 1 et 3. — Belgique, 1861, 1, 3 et 9. — Russie, 1861, 1, 2 et 3. — Prusse, 1862, préambule, 3 et 5. — Italie, 1862, préambule, 1 et 2. — Suisse, 1864, 1, 3, 17, 18, 19, 20. — Autriche, 1866, 1, et 3. — Portugal, 1867, 2, § 1 et 2. — Allemagne 1871, traité de Francfort, 20. — Espagne, 1879, préambule, 1, 3, 9 et protocole. — Belgique, 1881, préambule, 1, et déclaration interprétative. — Suisse, 1882, 1, 11, 16, etc. — Italie, 1884, 11. — Suède, 1884, préambule et 1.

(2) La doctrine allemande en effet, se prononce généralement en faveur du système qui ne reconnaît à l'auteur qu'un droit limité sur son œuvre, qu'un simple droit à une rémunération équitable et cela, pour deux raisons :

1° Parce que, dit-elle, un droit absolu de propriété ne peut exister ici, car cette propriété serait commune à l'auteur et à ses héritiers.

2° Parce que l'on ne peut être propriétaire d'une chose qu'on ne saurait toucher.

Belgique, *copyright*, en Angleterre, *uhrheberrecht*, en Allemagne, etc. (1).

— Il nous faut maintenant étudier en détail les principales dispositions que renferme la Convention. Dans les quatre sections qui vont suivre, il sera traité successivement des personnes protégées — de la portée de l'Union — des œuvres protégées et de la durée de la protection — des conditions et formalités imposées. Comme nous l'avons déjà fait observer, nous mènerons en même temps de front, l'étude des clauses extensives contenues dans les différents traités passés entre la France et autres Etats unionistes.

SECTION III°.

PERSONNES PROTÉGÉES.

En matière de protection internationale de la propriété littéraire et artistique, comme en toute autre matière de droit international privé, on conçoit qu'on peut prendre en considération, pour déterminer les droits des intéréssés, soit leur nationalité, soit leur domicile. Les droits d'un auteur domicilié dans un des pays de l'Union, auraient pu être réglés autrement que ceux d'un auteur qui n'y aurait pas son domicile. — L'avant-projet du Conseil fédéral, dans son article 3, protégeait *les ressortissants des Etats*

(1) Soldan, *Rev. gén.*, 1887, p. 400. — D'Orelli, *Op. cit.*, p. 536. — Observations du syndicat des Sociétés littéraires et artistiques, sur le projet de Convention, *J. Clunet*, 1885, p. 56.

non contractants, pourvu qu'ils soient *domiciliés* dans un pays de l'Union. Le projet de convention de 1883 protégeait tous les auteurs — de quelque nationalité qu'ils fussent — d'œuvres littéraires « parues, représentées, ou exécutées dans l'un des États contractants. » — Mais n'était-il pas à craindre, qu'en donnant de si grandes facilités aux ressortissants des pays non signataires de la Convention, pour arriver à jouir de la protection accordée par cette dernière, on enlevât tout l'intérêt qu'auraient ces pays à y adhérer! — Aussi a-t-on fini par adopter les dispositions contenues dans l'article 2, 1ᵉʳ al. : « Les auteurs ressortissant à l'un des pays de l'Union, ou leurs ayants-cause, jouissent dans les autres pays pour leurs œuvres, soit publiées dans un de ces pays, soit non publiées, des droits que les lois respectives accordent actuellement ou accorderont par la suite aux nationaux. » Il est donc fait abstraction complète de la notion du domicile, pour fixer le principe de la protection. D'une façon générale, est seul protégé le national de l'un des États adhérents; peu importe que son domicile soit fixé dans le territoire de l'Union ou en dehors. « La Commission, dit le rapport, a été d'accord pour admettre, comme elle l'avait déjà fait l'année précédente, que la protection résultant de l'art. 2, s'étend à tous les auteurs qui ont l'*indigénat* dans un des pays contractants. C'est donc l'indigénat qui doit être pris en considération toutes les fois que la Convention parle d'auteurs *ressortissant* ou *appartenant* à l'un des pays de l'Union. »

Mais encore faut-il, pour le cas où son œuvre n'est plus manuscrite, qu'elle soit publiée sur le territoire de l'un des Etats adhérents (1). Et, si le choix de cet Etat appartient à l'auteur, que ce dernier n'oublie pas qu'il n'est pas indifférent pour lui de publier dans l'un quelconque des pays de l'Union. Les conditions et formalités à remplir pour avoir droit à la protection, la durée de la protection, forment, en effet, autant de point régis par la législation intérieure de l'Etat dans lequel la publication a lieu (2).

Quant aux auteurs qui seraient tout à la fois ressortissants d'un des Etats de l'Union, et d'un Etat non contractant, nous ne croyons pas qu'on leur puisse dénier un droit personnel à la protection (3).

Faut-il ajouter qu'il n'est besoin de s'occuper que de la nationalité de l'auteur ; qu'une fois le droit acquis à ce dernier, peu importe la nationalité du mandataire légal qu'il peut avoir — *qui mandat ipse fecisse videtur* (4) ! — Peu importe aussi la nationalité de son successeur à titre universel ou particulier !

(1) La plupart des conventions avaient adopté un système semblable et n'admettaient au bénéfice de leurs dispositions que les œuvres publiées pour la première fois dans l'un des pays contractants. — V. toutefois art. 1 de la convention franco-allemande, et conv. franco-italienne, franco-San-Salvador, et franco-suédoise qui protègent toutes les œuvres des citoyens de l'un et l'autre pays contractants, en quelque endroit qu'elles aient paru, et aussi les œuvres des étrangers qui les ont fait paraître dans l'un des pays contractants.

(2) Il ne faut pas oublier que la Convention constitue un minimum de protection, que, par suite, les Etats contractants peuvent consacrer au profit des auteurs étrangers à l'Union des règles plus larges et plus libérales.

(3) Soldan, *Rev. gén.*, 1887, *loc. cit.*

(4) Les conventions de la France avec la Suisse, 1882, 8. — L'Allemagne, 1883, 3. — L'Italie, 1884, 4, assimilent expressément les mandataires légaux aux auteurs. Disposition inutile : le mandataire ne revêt-il pas en effet toujours la personnalité du mandant ?

Dès qu'il est né, le droit est indépendant de la nationalité de ceux qui en useront.

Reste à examiner la situation des auteurs qui, par leur nationalité n'appartiennent à aucun des Etats unionistes. Ils n'ont aucun droit personnel et direct, cela se comprend. Autrement, quel avantage possèderaient les ressortissants des pays de l'Union sur ceux qui n'en font pas partie ! Et cependant, les barrières qui leur sont opposées ne sont pas infranchissables, et en dehors de l'accession — toujours désirable — de leur pays à la Convention, les auteurs étrangers peuvent arriver à jouir des bénéfices accordés par la Convention, au moyen d'un intermédiaire. En vertu de l'article 3 : « Les stipulations de la présente Convention s'appliquent également aux éditeurs (1) d'œuvres littéraires ou artistiques publiées dans un des pays de l'union, et dont l'auteur appartient à un pays qui n'en fait pas partie ». Et le rapport de la Commission ajoute : « Les éditeurs dont parle l'article 3 jouissent de la même protection que celle apportée par la Convention aux auteurs (2) ». Il n'y a d'ailleurs pas à s'occuper de la nationalité de l'éditeur. Il faut et il suffit que ce dernier soit domicilié dans un pays de l'Union (3) ; le droit repose

---

(1) « Il a été entendu que le mot *éditeur* serait pris dans le sens le plus large, de manière à pouvoir s'appliquer à l'entrepreneur de spectacles. » — Clunet, p. 50. — Comp., le troisième vœu émis par la deuxième Conférence internationale de Berne du 5 oct. 1889, *Droit d'Auteur*, 1889, p. 115.

(2) *Actes de la Conférence de 1885*, p. 21. — Même système admis par la convention franco-allemande de 1883, 2.

(3) « La Commission est d'ailleurs unanime pour admettre que dans le cas prévu à cet article, la nationalité de l'éditeur est absolument indifférente, pourvu qu'il ait dans l'Union un établissement permanent et durable. De plus, il va sans dire

alors directement sur sa tête, et cela, quand bien même le pays d'origine de l'auteur ne protégerait pas la propriété littéraire ou artistique. Les auteurs d'un pays non-unioniste ont donc grand intérêt à faire éditer leurs œuvres dans un des Etats de l'Union, pour y jouir indirectement — au moins — de la protection accordée aux œuvres de l'esprit.

SECTION IVe.

ŒUVRES PROTÉGÉES ET DURÉE DE LA PROTECTION.

I. — *Œuvres protégées.* — Par son article 4, la Convention édicte qu'en principe toute reproduction intellectuelle a droit à la protection. « L'expression « œuvres littéraires et artistiques » comprend les livres, brochures ou tous autres écrits, les œuvres dramatiques ou dramatico-musicales, les compositions musicales avec ou sans paroles : les œuvres de dessin, de peinture, de sculpture, de gravure, les lithographies, les illustrations, les cartes géographiques ; les plans, croquis et ouvrages plastiques, relatifs à la géographie, à la topographie, à l'architecture ou aux sciences en général ; enfin toute production quelconque du domaine littéraire, scientifique ou artistique, qui pourrait être publiée par n'importe quel mode d'impression ou de reproduction (1). »

que les ayants-cause de l'éditeur, jouissent dans le cas prévu à l'article 3, des mêmes droits que ceux accordés par cette disposition à l'éditeur lui-même. » *Actes de la Conférence de 1885, loc. cit. — J. Clunet*, 1885, p. 489. — Comp. 1884. p. 450.

(1) Le projet primitif ne parlait ni des *illustrations*, ni des ouvrages *plastiques*. Ce fut sur la demande de la délégation allemande qu'on les inséra dans le texte définitif. Les mêmes expressions se trouvent dans la convention franco-allemande. 1. — Comp. Angleterre, 1851, 1, § 2. — Belgique, 1881, 1, § 1. — Espagne. 1880, 1, § 2.

Nous trouvons donc dans l'article 4, certaines œuvres nominativement désignées, et ensuite, une formule générale qui fait tomber sous la protection de la Convention, toute production quelconque du domaine littéraire, scientifique ou artistique, qui serait susceptible d'être reproduite. Cette constatation ne manque pas d'intérêt. En principe, en effet, l'Union consacre l'assimilation des étrangers aux nationaux, et exige, pour qu'une œuvre soit protégée au pays d'importation, qu'elle le soit d'abord au pays d'origine. Mais, en donnant une nomenclature nette et précise de certaines œuvres, les Etats signataires ont entendu étendre le bénéfice de la protection à ces œuvres, quels que soient, sur ce point, les dispositions contraires ou le silence des lois internes. Les œuvres qui ne sont point nominativement désignées, et qui rentrent dans la généralité des termes de la finale de l'article « *toute production quelconque, etc.,* » ne seront protégées que si les lois des pays d'origine et d'importation sont d'accord pour sauvegarder les droits de leurs auteurs. Nous empruntons à M. Darras un exemple qui fera mieux comprendre le système que nous croyons être dans l'article 4. » Les plans relatifs à l'architecture sont expressément indiqués dans cette disposition ; en tous lieux, celui qui les emploierait sans les autorisations requises serait passible de la répression ordinaire ; tout au contraire d'après certaines législations, les architectes jouissent en outre du privilège de rédification ; le traité de 1886 s'est abstenu d'en parler ; ce privilège n'existera donc que dans les pays qui le consacrent en faveur de leurs nationaux et qu'au profit de ceux à qui leur

loi d'origine reconnaît cet avantage. En considérant
cette interprétation comme bonne, on doit dire que
cet article 4 est *remarquable*, en ce sens que pour
certaines œuvres, il assure aux étrangers des prérogatives dont ne semblent pas jouir les nationaux (1). »

Remarquable, écrit M. Darras! Et pourtant, bien
des conventions précédemment passées par la France
contenaient un article semblable : une énumération
de certaines œuvres nettement déterminées, puis, une
formule générale. C'est que, malgré cette identité de
formules, malgré cette identité de termes employés,
le savant auteur aboutit à deux conclusions différentes
sur la portée de l'article, suivant qu'il s'agit de traités
particuliers ou de la Convention de Berne. Voici quel
est son raisonnement : « Au regard des conventions
internationales ordinaires on doit parfois, il est vrai,
donner une solution différente; nonobstant l'évidence
des termes employés, on doit, en certaines circonstances, tenir compte dans l'interprétation, de la loi
des pays d'importation et d'origine. S'il en est ainsi,
c'est que l'intention des hautes parties contractantes,
nettement exprimée, est de déterminer le nombre
des œuvres et des personnes protégées, par la combinaison des textes législatifs de chacun des Etats
intéressés; mais, en présence de l'arrangement de
Berne, la situation n'est pas la même; on a eu le désir
de réaliser, sur certains points particuliers, un minimum d'unification; quoi de plus naturel que d'envisa-

(1) Darras, p. 536.

ger les mesures expresses comme les vestiges de
cette tentative (1)? »

Une telle argumentation peut-elle se soutenir? —
Peut-être! Pour notre part, nous avouons ne pas la
comprendre. — Une Convention internationale ordinaire et le traité de Berne proclament le même principe général, qui assimile les auteurs étrangers aux
nationaux de chacun des pays contractants. Pourquoi
admettre que de deux formules identiques, l'une déroge
à ce principe, quand il s'agit de l'Union de 1886, alors
qu'elle n'y déroge pas dans l'autre hypothèse? Sans
doute l'Union de 1886 constitue un minimum d'unification sur certains points particuliers. Mais une Convention internationale ordinaire, ne constitue-t-elle pas
aussi un minimum d'unification entre les deux Etats
qui l'ont signée? Les principes juridiques sont les
mêmes, qu'il s'agisse d'interpréter un texte d'un
traité entre dix Etats, ou d'un traité entre deux États. Et
s'il est vrai, qu'à moins de ne trouver aucun sens à
une désignation précise « d'œuvres protégées, » il
faut protéger ces œuvres dans tous les pays de
l'Union, alors même que les lois internes ne les pro-
tégeraient pas ; il n'est pas moins vrai qu'entre deux
Etats, peu importe le silence de leur législation interne, lorsqu'ils ont nominativement désigné certaines
œuvres pour être admises au bénéfice de la protection. En ce faisant, ils ont évidemment entendu aussi
déroger au principe général, en faveur de ces œuvres.
Autrement, à quoi bon ces indications spéciales?
Elles n'auraient aucune utilité en présence de la for-

(1) Darras, p. 535. — Comp., Lyon-Caen, *Rev. de Gand*,
1884, p. 443.

mule générale qui termine toujours ces sortes d'articles (1).

Photographies. — A la nomenclature des œuvres indiquées dans l'article 4, la délégation française avait proposé de joindre les œuvres photographiques (2). L'Allemagne s'y refusa, objectant qu'elle ne pourrait adhérer à une Convention qui assimilerait ces dernières à une œuvre d'art, puisqu'elle ne les protège chez elle que comme produits industriels (Loi du 10 janvier 1876). Elles ne furent donc pas mentionnées dans l'article 4, mais on eut recours à un expédient ingénieux (protocole de clôture, art. 1, § 1). « Au sujet de l'article 4, il est convenu que ceux des pays de l'Union où le caractère d'œuvres artistiques n'est pas refusé aux œuvres photographiques s'engagent à les admettre, à partir de la mise en vigueur de la Convention conclue en date de ce jour, au bénéfice de ses dispositions. Ils ne sont d'ailleurs, tenus de protéger les auteurs desdites œuvres, sauf les arrangements internationaux existants ou à conclure, que dans la mesure où leur législation permet de le faire. » Qu'est-ce à dire sinon qu'une Union restreinte était formée entre les pays contractants dont l'unifor-

____

(1) M. Darras, p. 580, assigne à ces « *indications spéciales* », une utilité qui ressort au contraire de la « *formule générale.* »

(2) Bien qu'aucune loi spéciale ne protège les œuvres de la photographie en France, la doctrine se prononce presqu'unaniment pour l'application à ces œuvres de la loi du 19 juillet 1793, qui a trait à la reproduction des œuvres artistiques. La jurisprudence, par la plupart de ses décisions, n'adopte pas ce système absolu. Elle laisse aux tribunaux le soin, dans chaque cas, de se prononcer sur le caractère artistique de l'œuvre du photographe ; s'ils le lui reconnaissent, la loi de 1793 est applicable ; au cas contraire, elle ne l'est plus. V. sur ces divers points un intéressant résumé de M. Pataille. *Pat.* 1889, p. 43.

mité législative permettait un accord sur ce point (1) ?
Un accord général n'étant pas possible, à ce point de
vue à raison de la diversité des législations, un
accord particulier est formé de plein droit, dès que
deux ou plusieurs Etats contractants possèdent l'uni-
formité de législation sur ce point. Prenons un exemple. D'après la loi anglaise du 25 juin 1886 (art. 11),
les photographies sont protégées comme œuvres
d'art, pendant la vie de l'auteur, et sept ans après sa
mort. Un photographe anglais se verra donc protégé
en France, si nos tribunaux continuant leur système
de jurisprudence, voient dans son œuvre une œuvre
artistique. Pas n'est besoin de dire qu'il ne sera protégé dans notre pays que durant sa vie et 7 ans après
sa mort, la durée de la protection ne pouvant être
plus longue au pays d'importation qu'au pays d'origine. Réciproquement, un photographe français sera
protégé en Angleterre, à l'égal d'un national anglais.

Quelques conventions particulières sont en cette matière, plus larges que le traité d'Union, et leur effet,
par suite, demeure naturellement réservé. Ainsi, dans
le traité de 1881 entre la France et la Belgique (art. 1,
§ 1), et dans celui de 1882 avec la Suisse (art. 1, §§ 1
et 16), la photographie est expressément indiquée
parmi les œuvres gàranties (2). Mais nos tribunaux
jouiront-ils à l'égard des photographies suisses et
belges, du même pouvoir d'appréciation qu'ils se reconnaissent vis-à-vis des nationaux français? Nous le

____

(1) Soldon, *Rev. gén.*, 1887, p. 415. — Clunet, p. 51. — Comp.
J. Clunet, 1884, p. 450. — 1885, p. 68. — 1886, p. 489.
(2) *Pat.* 1882, p. 95 et p. 102.

croyons. Ces traités nous disent, en effet, que « les auteurs... de photographie auront la même protection... que si cette atteinte avait été commise *à l'égard d'auteurs d'ouvrages publiés dans le pays même.* » Ces termes sont précis ; ils assimilent les photographes belges ou suisses aux photographes français ; les premiers ne peuvent donc avoir une position préférable à celle des seconds. Il va de soi, qu'ici encore la législation la moins favorable formera un minimum que les tribunaux ne pourront pas dépasser.

Œuvres dramatiques et musicales. — Elles sont expressément visées par l'article 4, qui garantit « les œuvres dramatiques ou dramatico-musicales, les compositions musicales avec ou sans paroles, » (*adde* article 9). A leur égard donc, cette mention expresse constitue un *minimum* d'unification. Peu importent les dispositions particulières des lois internes ; les droits des auteurs sur ces ouvrages seront sauvegardés dans tous les Etats de l'Union (1).

Mais le *libretto* et la musique ne forment souvent que l'accessoire, la partie principale d'une œuvre dramatique se trouvant être le pas de danse, l'ensemble des gestes, des attitudes, des pantomimes, en un mot, *l'action chorégraphique.* La délégation italienne désirait voir adopter sur ce point le principe de protection déjà admis en Italie par la Loi du 18 mai 1882 (art. 1, lettre a. Décret, 19 septembre 1882, art. 2, 3, 10 et 14). Trop divergentes encore étaient les législa-

____

(1) La plupart des conventions particulières protégeaient ces œuvres; Angleterre, 1851, 1, § 2. — Espagne, 1880, 1. — Belgique, 1881, 1. — Suisse, 1882, 1. — Allemagne, 1883, 1, § 2. — Italie, 1884, 1, § 3.

tions ! Il eut fallu du reste pouvoir donner une définition exacte de ce qu'était *l'action chorégraphique*.
On ne le pouvait pas ; aussi, l'expédient déjà employé (1), à propos des photographies, fut-il à nouveau adopté, au protocole de clôture, article 2 : « Au
sujet de l'article 9, il est convenu que ceux des pays
de l'Union dont la législation comprend implicitement,
parmi les œuvres dramatico-musicales, les œuvres
chorégraphiques, admettent expressément lesdites
œuvres au bénéfice des dispositions de la convention
conclue en date de ce jour. Il est d'ailleurs entendu
que les contestations qui s'élèveraient sur l'application de cette clause demeurent réservées à l'appréciation des tribunaux respectifs. »

A notre connaissance, un seul des traités particuliers entre la France et autres Etats adhérents à
l'Union, protège expressément les œuvres chorégraphiques : la Convention franco-italienne de 1884, 1.
Sa disposition sera donc applicable aux ressortissants
de ces deux pays.

Connaissant à quelles espèces d'œuvre s'applique
l'Union, nous devons nous demander si les œuvres
postérieures au traité de Berne seront seules protégées, ou si, au contraire, la Convention s'applique
aux œuvres antérieurement parues? Question des plus
délicates et difficiles, sur laquelle le premier projet
de l'Association était muet, et qui souleva, dans les
diverses réunions préparatoires de vives discussions (2), portant principalement sur ce point parti-

____

(1) Clunet, *loc. cit.* — Soldan, *loc. cit.*
(2) *V. Bull. Ass.*, 1883, n° 17, p. 2, — n° 18, p. 16 et 17. —
Actes de la première Conférence de 1884, pp. 35, 58 et 85. —
D'Orelli, *Rev. de Gand*, 1884, p. 542.

culier : fallait-il introduire le principe de la rétroactivité d'une manière absolue, ou bien, réserver à
chacun des Etats contractants, la possibilité de tenir
compte des intérêts que pouvait léser le passage du
régime existant à celui établi par la Convention? En
général, les conventions littéraires ont un effet
rétroactif sur les œuvres antérieures à leur promulgation (1), du moins quant au droit de reproduction (2), personne ne pouvant dire qu'il avait un droit
acquis à contrefaire. C'était une tolérance ; tolérance
que la loi peut détruire dès qu'elle le veut. Mais « le
jour où la Convention entrera en vigueur, écrivait
M. Droz (3), elle surprendra un état de fait qui ne sera
pas partout conforme aux principes qu'elle proclame.
Dans tel pays, des éditions non autorisées, mais que
la loi ne punissait pas, seront en vente; la représentation d'œuvres dramatiques aura été montée à grands
frais, des pierres lithographiques seront préparées
pour la reproduction d'œuvres artistiques, etc. Le
régime nouveau doit-il être appliqué impitoyablement
dès le premier jour, à tous ceux qui ont licitement,
jusqu'alors, profité de l'absence de protection? Ou ne
doit-on pas plutôt faire intervenir une tolérance tem-

(1) *Contra :* la Convention franco-anglaise de 1851, 14, qui
déclare qu'elle ne s'appliquera qu'aux œuvres publiées après
la date de sa mise à exécution.

(2) Le même accord ne se retrouve plus, lorsqu'il s'agit du
droit de représentation. Certains traités protègent, même à ce
point de vue, les œuvres antérieurement parues; Espagne.
1880, 9. § 3, cbn. 1852, 4. — Italie, 1884, protocole, 2°. Mais le
plus généralement, sont seules protégées les œuvres non
encore publiées au moment du traité ; Belgique, 1881, 4. —
Allemagne, 1883, protocole, etc. — Darras, *passim.,* — Comp.
Rev. de Gand, 1884, p. 467.

(3) *J. Clunet,* 1884, p. 454.

poraire en faveur, nous ne disons pas, de droit acquis, mais d'un état de fait préexistant. C'est dans ce dernier sens que les principales conventions en vigueur ont réglé la question, en fixant des délais, et en prévoyant une procédure qui font l'objet de stipulations très détaillées. »

C'est ce système conciliant qu'a adopté la Convention, article 14. « La présente Convention, sous les réserves et conditions à déterminer d'un commun accord, s'applique à toutes les œuvres qui, au moment de son entrée en vigueur, ne sont pas encore tombées dans le domaine public, dans leur pays d'origine. » Et, l'article 4 du protocole de clôture, en organise ainsi qu'il suit, la mise en pratique : « L'accord commun prévu à l'article 14 de la Convention est déterminé ainsi qu'il suit :

« L'application de la Convention aux œuvres non tombées dans le domaine public au moment de sa mise en vigueur aura lieu suivant les stipulations y relatives contenues dans les conventions spéciales existantes ou à conclure à cet effet.

« A défaut de semblables stipulations entre pays de l'Union, les pays respectifs règleront, chacun pour ce qui le concerne, par la législation intérieure, les modalités relatives à l'application du principe contenu à l'article 14. »

La Convention protège donc les œuvres qui, au moment de sa mise en vigueur ne sont pas encore tombées dans le domaine public, dans leur pays d'origine. Mais si l'Union s'était bornée à consacrer la rétroactivité absolue, elle aurait empêché les pays qui se sont le plus livrés à la contrefaçon d'y accéder.

Elle a par conséquent bien fait d'user de l'expédient
que contient l'article 4 du protocole de clôture. En
effet, dirons-nous avec M. Soldan (1), au moment où
la Convention est entrée en vigueur, des reproductions, licites sous le régime antérieur, pouvaient être
en cours d'exécution, ou même terminées. Fallait-il
alors arrêter le tirage commencé, interdire la vente
d'une édition jusqu'ici licite, s'opposer à une représentation préparée à grands frais? La Conférence a
estimé qu'une certaine tolérance était nécessaire.
Elle s'est bornée à réserver l'application des conventions particulières conclues ou à conclure, ou, à leur
défaut, à abandonner toute la matière à la législation
intérieure des Etats contractants. Ce n'est point là
un principe juridique; c'est un expédient, mais il faut
reconnaître qu'il n'y avait guère possibilité de régler
autrement une question aussi grosse de difficultés.
Comment aurait-on exigé que la Convention d'Union
pût régler d'une manière uniforme pour tous les pays,
les modalités relatives à *l'application du principe*
contenu à l'article 14? Pour déterminer un *modus vi-*
vendi transitoire, il a paru avec beaucoup de raison,
qu'il était plus sage de renvoyer la détermination des
mesures à prendre à la législation intérieure de chaque
pays ou aux conventions particulières à conclure
entre Etats (2). Jusqu'ici la France n'a pas encore
conclu de convention de cette sorte avec quelqu'un
des Etats unionistes. Citons, parmi les pays s'étant
préoccupés de la mission qui leur est dévolue aux

(1) *Rev. gén.*, 1887, p. 512.
(2) Comp. 10ᵉ vœu de la deuxième Conférence internationale
de Berne, rapporté dans le *Droit d'Auteur*, 1889, p. 116.

termes du chiffre 4 du protocole de clôture de la
Convention, la Belgique (1), l'Angleterre (2), l'Allemagne (3).

II. — *Droits reconnus et durée de la protection.*
— Le principal droit que l'on puisse exercer à l'occasion des œuvres littéraires, est le droit de reproduction. Il consiste dans la faculté exclusive reconnue à
l'auteur de reproduire, par quelque moyen que ce soit,
des copies identiques à l'œuvre originale. Toutes les
législations qui consacrent la propriété littéraire et
artistique reconnaissent l'existence de ce droit. Où il
y a des divergences, c'est seulement sur la nature et
la durée de ce droit, comme nous le verrons tout à
l'heure.

Les œuvres littéraires peuvent être l'objet d'un
autre droit, le droit de traduction. A raison de son
importance et des débats que cette question a soule-
vés, nous en ferons l'objet d'un paragraphe spécial.

Quant aux œuvres dramatiques, ou dramatico-musicales, elles comportent les trois droits de reproduction, de traduction et de représentation publique.
Assimilables en principe aux œuvres littéraires quant
aux deux premiers droits, elles ne sont l'objet de
dispositions spéciales que pour le droit de représenta ·
tion, article 9 du traité de Berne : « Les stipulations
de l'article 2 s'appliquent à la représentation publique
des œuvres dramatiques ou dramatico-musicales, que
ces œuvres soient publiées ou non.

(1) Décret du 15 novembre 1887. — *Droit d'Auteur*, 1883,
p. 9.

(2) Ordonnance du 28 nov. 1887. — *Droit d'Auteur*, 1883,
p. 65.

(3) Décret du 11 juillet 1888. — *Droit d'Auteur*, 1888, p. 76.

« Les auteurs d'œuvres dramatiques ou dramatico-musicales, ou leurs ayants-cause, sont, pendant la durée du droit exclusif de traduction, réciproquement protégés contre la représentation publique non autorisée de la traduction de leurs ouvrages.

« Les stipulations de l'article 2 s'appliquent également à l'exécution publique des œuvres musicales non publiées ou de celles qui ont été publiées, mais dont l'auteur a expressément déclaré sur le titre ou en tête de l'ouvrage qu'il en interdit l'exécution publique. »

Donc, en ce qui concerne le droit de représentation de l'œuvre *en texte original*, application des mêmes principes que pour le droit de reproduction proprement dite. En ce qui concerne le droit de représentation *en traduction*, l'auteur en jouit tant qu'il possède le droit exclusif de traduction, c'est-à-dire pendant dix ans au moins à partir de la première publication de l'œuvre originale. Une fois la traduction tombée dans le domaine public, le droit de représenter la traduction appartient à tout traducteur (1).

Pas de difficulté en ce qui concerne les œuvres musicales : si elles n'ont pas été publiées, leur exécution publique sans le consentement de l'auteur en est interdite ; si elles ont été publiées, l'exécution n'en est interdite que si l'auteur a pris soin de formuler cette défense sur le titre ou en tête de l'ouvrage (2).

(1) La délégation italienne eut voulu voir consacrer le système admis par l'article 14 du décret italien du 19 septembre 1882, déclarant que, celui qui veut faire représenter une œuvre dramatique, doit préalablement obtenir l'autorisation de l'autorité administrative. — *Sic :* chiffre 3 du protocole du traité de 1884 avec la France.

(2) *Sic,* loi allemande 1870, art. 5, alinéa 2, — loi anglaise 1882.

La question connue sous le nom de *reproduction sonore* a été tranchée par l'article 3 du protocole de clôture. « Il est entendu que la fabrication et la vente des instruments servant à reproduire mécaniquement des airs de musique empruntés au domaine privé ne sont pas considérés comme constituant le fait de contrefaçon musicale. » C'est là, selon le mot de M. Clunet, une « petite galanterie » faite à la Suisse, qui a la spécialité de l'industrie des boîtes à musique ; elle était bien due à un pays qui a tant travaillé à défendre le patrimoine des artistes (1).

La durée de la protection n'a pas été réglée sans difficulté. L'avant-projet de l'Association donnait aux auteurs d'œuvres littéraires et artistiques, quelle que fût leur nationalité, la jouissance dans tous les autres Etats de l'Union des mêmes droits que les nationaux. Mais que serait-il arrivé avec ce système? C'est que si un pays étranger a une durée de protection plus longue que celle du pays d'origine, l'œuvre y serait encore protégée alors cependant qu'elle n'aurait plus droit à aucune protection dans ce dernier pays. Exemple : la France ne protège l'œuvre que durant cinquante ans après la mort de l'auteur, l'Espagne, quatre-vingt ans. Avec ce système, l'auteur français eût vu son œuvre protégée en Espagne, trente ans après qu'elle serait tombée ici dans le domaine public. — A certains auteurs (2), ce résultat paraît désirable. N'y a-t-il pourtant pas anomalie choquante à voir un pays protéger chez lui les œuvres d'un ressortissant

(1) *Sic :* convention franco-suisse de 1864 et de 1882, art. 14.
(2) Darras, *passim*.

d'un autre Etat, une fois que dans celui-ci, elles seraient tombées dans le domaine public?

Ce qu'il eût fallu consacrer, les rédacteurs de la Convention, n'ont pas hésité à le reconnaître, — les délégués allemands en particulier, — ç'aurait été la fixation d'une durée de protection uniforme, pour toute l'étendue de l'Union. Ils ont même émis le vœu que les divers Etats fassent tous leurs efforts en ce sens, et se mettent d'accord pour protéger l'œuvre durant toute la vie de l'auteur, et pendant un certain laps de temps après sa mort(1).

Le traité de Berne adopte le principe du traitement national, avec cette restriction, que la protection accordée réciproquement aux auteurs des pays contractants ne leur sera assurée que pendant l'existence de leurs droits dans leur pays d'origine, article 2, §2. « La jouissance de ces droits..... ne peut excéder dans les autres pays, la durée de la protection accordée dans ledit pays d'origine. » — D'autre part, il est évident que la protection accordée en pays étranger ne peut dépasser celle qui est donnée aux nationaux dans ce même pays étranger: ce point a été formellement reconnu par les rédacteurs de la Convention. En résumé, cette dernière, suivant l'exemple de la plupart des conventions existantes (2), consacre le double

(1) Séance du 17 septembre 1884. *Bull. Ass.*, *loc. cit.* — C'est ce que fait l'article 1 du traité de 1880 avec l'Espagne : « Les droits intellectuels sont garantis aux auteurs des deux pays pendant toute leur vie et à partir de leur mort pendant cinquante ans, dans l'intérêt de ses héritiers, donataires, légataires, cessionnaires ou ayant-droit, conformément à la législation du pays du défunt. »

(2) Luxembourg, 1865, 1, — Belgique, 1881, 1, — Suisse, 1882, 1, — Allemagne, 1883, 1, — Italie, 1884, 1. — *Comp.* Angleterre, 1851, 1.

principe du traitement national et du traitement du pays d'origine. L'œuvre espagnole ne sera donc protégée que trente ans après la mort de l'auteur en Allemagne ; réciproquement, l'œuvre allemande ne le le sera que pendant trente ans en Espagne (1). — Le système particulier (2), adopté par la loi italienne rendra parfois difficile sa combinaison avec la loi d'un des autres Etats unionistes. L'auteur jouit, d'après cette loi, du droit exclusif de reproduction pendant toute sa vie ; et si, à sa mort, il ne s'est pas écoulé une période de 40 ans depuis la publication de l'ouvrage, ses héritiers ou ayants-cause jouiront de ce droit exclusif, jusqu'à l'écoulement de la période de . 40 ans. Après l'expiration de cette période, l'ouvrage tombe dans le domaine public, à charge par celui qui veut rééditer l'œuvre, de payer aux héritiers ou ayants-cause de l'auteur 5 0[0 sur le prix fort de chaque exemplaire mis en vente. Or, supposons qu'il s'agisse de régler les droits d'un auteur français. En Italie, il sera difficile de connaître quelle est, des deux lois, la moins favorable. L'auteur français meurt-il le lendemain de la publication de son œuvre ? Les héritiers jouissent certainement du droit de reproduction exclusive pendant 40 ans en Italie, mais pas plus longtemps, car ils feraient échec au principe qu'un Français ne peut jouir de plus de droits en Italie qu'un Italien. Durant dix autres années, ils auront droit à la redevance de 5 0[0, puisqu'en France un droit absolu

---

(1) Soldan, *Rév. gén.* 1887, p. 410. — Clunet, p. 49. — Darras, p. 534. — *J. Clunet*, 1884, p. 447, — 1885, p. 487. — *Comp.* d'Orelli, *Rev. de Gand*, 1884, p. 538.
(2) Système du *domaine public payant.*

subsiste à leur profit sur l'œuvre de leur auteur. Mais leur sera-t-il possible de réclamer ce même droit, dix, vingt ans de plus, sous prétexte que la redevance de 5 0[0 pendant dix ans, n'est pas l'équivalent du droit de reproduction intégrale dont ils jouissaient en France, pendant la même période ? Nous ne le croyons pas : « La jouissance de ces droits, dit l'art. 2, § 2, ne peut excéder dans les autres pays, la durée de la protection accordée dans ledit pays d'origine. » Or, après cinquante ans, le droit de ces héritiers est éteint en France, et conséquemment, cinquante ans après la mort de l'auteur, les Français ne peuvent plus réclamer les avantages de la loi italienne.

Quel est le pays qui sera considéré comme pays d'origine de l'œuvre ? L'article 2, § 3 nous répond : « Est considéré comme pays d'origine de l'œuvre, celui de la première publication, ou, si cette publication a lieu simultanément dans plusieurs pays de l'Union, celui d'entre eux dont la législation accorde la durée de protection la plus courte. » On a pensé que le pays d'origine devait être celui où l'œuvre a été *publiée* (1) pour la première fois, et non le pays dont l'auteur est ressortissant parce qu'il aurait été difficile aux intéressés de connaître la nationalité de l'auteur, et de plus il se fut produit de graves difficultés, au cas de double nationalité (2).

Que si une œuvre n'avait pas été publiée, c'est « le pays auquel appartient l'auteur, qui est considéré

---

(1) La législation intérieure de chaque pays déterminera ce qu'il faut entendre par *publication;* ainsi, les bureaux belges entendent par publication, la mise en vente ; les bureaux français, l'impression. — Fliniaux, p. 37.

(2) M. Droz. *J. Clunet*, 1885, p. 488.

comme pays d'origine de l'œuvre » (art. 2, dernier
alinéa.) Ici donc, l'auteur communique en quelque
sorte sa nationalité au fruit de son travail et de son
intelligence ; cela ne soulève aucune difficulté.

Reste une dernière hypothèse : l'œuvre a été publiée pour la première fois en même temps dans un
pays de l'Union et dans un pays n'en faisant pas partie. Faudra-t-il le protéger dans la mesure admise
par celui des deux pays qui fait partie de l'Union ? —
Faudra-t-il au contraire, n'accorder la protection que
pendant la durée admise par la moins favorable des
deux législations en présence? — Nous croyons, pour
notre part, qu'il devra être fait abstraction complète
du pays non adhérent, et par suite, qu'il faudra protéger l'œuvre comme si elle avait été publiée uniquement dans le pays unioniste (1).

SECTION 5°

PORTÉE DE LA PROTECTION

I. *De la contrefaçon et des faits qui lui ont été
assimilés.* — Pour qu'il y ait délit de contrefaçon, il
ne suffit pas qu'il y ait un acte, émanant d'un tiers, et
portant préjudice aux droits de l'auteur : cela donnerait seulement matière à une action en dommages-
intérêts contre ce tiers. Il faut, de plus que l'acte
possède une caractère délictueux. Et, pour savoir s'il
y a eu ou non délit, la législation du tribunal devant
lequel l'action est portée, devra être *seule* consultée.
D'après l'art. 2, 2° du traité de Berne, en effet, la loi

____

(1) Cf. Soldan, *loc. cit.*

d'origine ne reçoit application, qu'en ce qui concerne la durée de garantie. Par conséquent, le juge qui connaît de l'action, ne doit tenir aucun compte de la loi étrangère, ni pour déterminer le caractère délictueux de l'acte (1), ni pour déterminer les peines à appliquer ; peu importe que sa loi soit plus ou moins sévère que celle de l'auteur étranger.

Dans le projet de 1884, il était dit que « les avantages reconnus aux auteurs ne leur sont réciproquement assurés que pendant l'existence de leurs droits dans le pays d'origine. » Il suivait de là, que si ces droits n'y étaient pas consacrés, il en était de même à l'étranger. Il s'ensuivait aussi, que, s'ils étaient soumis à certaines restrictions, celles-ci pouvaient encore leur être opposées à l'étranger. Ce fut précisément, pour bien marquer que les tribunaux n'avaient aucun compte à tenir en cette matière de la législation du lieu d'origine de l'œuvre, qu'on supprima cette phrase en 1885 (2).

Sur cette question de la contrefaçon et des faits qui lui sont assimilables, le traité d'Union est plus que bref. Rien ou presque rien n'est prévu dans ces

(1) Il se pourra par suite qu'un même acte, ne soit pas punissable dans un des pays de l'Union, tandis qu'il le sera dans un autre. Voici, par exemple, la Convention franco-allemande qui prohibe l'introduction dans ces deux pays d'un ouvrage contrefaisant. Mais, en Allemagne, outre la mauvaise foi de l'introducteur, il faut encore qu'il ait agi dans un but de lucre pour encourir une répression pénale. En France, au contraire, la mauvaise foi est suffisante. Le même acte sera donc passible d'une répression pénale devant les tribunaux français, et ne le sera pas devant les tribunaux allemands.

(2) *J. Clunet*, 1885. p. 487. — Darras, *passim*. — Comp. Autriche. 1886, 10, — Belgique, 1881, 10. — Allemagne, 1883, 13. — Italie, 1884, 9.

dispositions. Un seul article s'en occupe et voici ce qu'il dit : « Toute œuvre contrefaite peut être saisie à l'importation dans ceux des pays de l'Union où l'œuvre originale a droit à la protection légale.

« La saisie a lieu conformément à la législation intérieure de chaque pays » (article 12). Cet article ne présente aucune difficulté (1).

La plupart des conventions particulières sont, sur ce point, beaucoup plus détaillées que le traité de Berne ; aussi, devons-nous jeter un coup d'œil sur leurs stipulations, qui loin d'être affectées par ce dernier, l'ont au contraire, complété.

Outre la contrefaçon, la majeure partie des conventions prohibent encore l'introduction (2), l'exporta-

(1) Constatons seulement que c'est à la demande de la délégation anglaise, qu'on doit une telle rédaction du second paragraphe. Jusqu'en 1885 en effet, il portait : « la saisie aura lieu à la requête, soit du ministère public, soit de la partie intéressée, conformément à la législation interne de chaque pays. » Les délégués anglais représentèrent que dans leur pays, l'administration des douanes peut opérer la saisie sans requête et d'office ; le deuxième alinéa fut ainsi modifié. En 1885, les délégués de la Suède se basant sur ce que la saisie était inconnue dans plusieurs pays, déclarèrent que la stipulation de l'article 12 était facultative. Cette opinion ne peut se soutenir, autrement l'art. 12 constituerait une disposition inutile et l'art. 2 eût été suffisant pour régler ce point. L'expression « peut être saisie » indique seulement une vérité évidente par elle-même, c'est que cette mesure est facultative pour les intéressés ou pour l'office.

(2) Comme nous l'avons déjà dit, il n'y a pas à distinguer entre l'introduction faite dans un but d'importation et l'introduction en transit. La jurisprudence allemande (Dambach, p. 38), est d'accord sur ce point avec la jurisprudence française. Mais encore faut-il pour qu'il y ait introduction délictueuse, qu'il ne s'agisse pas d'un fait isolé ; l'intention frauduleuse doit d'ailleurs, avoir également existé. Ainsi jugé par la cour de Bruxelles, 5 avril 1882, *Journ. des trib.*, 27 avril 1882. — *J. Clunet*, 1882, p. 564.

tion, la circulation (1), la vente et l'exposition (2) dans chacun des deux pays, d'ouvrages contrefaits ou d'objets de reproduction non autorisée, soit que lesdites contrefaçons ou reproductions non autorisées proviennent de l'un des deux pays, soit qu'elles proviennent d'un pays tiers quelconque (3).

Faut-il regarder comme contrefacteur, celui qui, dans un pays où les droits d'auteur sont protégés, fait, sans le consentement de l'auteur une reproduction exclusivement destinée à un pays où la propriété de l'œuvre n'est pas reconnue? — Nous le croyons. La contrefaçon, en effet, est un fait délictueux en soi, et sans qu'il y ait besoin de rechercher l'usage ultérieur auquel on entend consacrer l'objet contrefaisant. C'est la solution adoptée par un arrêt du *Reichsgericht* en date du 13 octobre 1883 (4). Des libraires américains faisaient reproduire en Allemagne la *Rédemption* de Gounod, sans avoir obtenu l'autorisation de l'auteur. A l'action qui fut alors intentée contre le graveur allemand, celui-ci répondit que l'édition incriminée, étant exclusivement destinée aux

(1) Le mot de circulation s'applique au fait du transit et de transport d'un point du territoire à l'autre.

(2) Belgique, 1881, 9. — Allemagne, 1883, 12. — Comp. Anglerre, 1851, 6. — Espagne, 1880, 2. — Suisse, 1882, 10.

(3) Toutes les conventions que nous venons de citer s'expliquent formellement sur ce dernier point.

(4) *J. Clunet*, 1886, p. 435, n. 1, — 1888, p. 217. — Darras, p. 633. — Cette solution ne saurait plus faire aucun doute, depuis que la deuxième Conférence internationale réunie à Berne le 5 octobre 1889 — conférence composée des délégués des principaux Etats adhérents à l'Union, — « a émis l'avis que toute contrefaçon est punissable dans le pays où elle a été commise, alors même que l'œuvre contrefaite serait destinée à un pays où la propriété littéraire et artistique n'est pas protégée. » *Droit d'Auteur*, 1889, p. 116.

Etats-Unis, où la propriété littéraire n'est pas sauve-
gardée, il n'y avait pas délit de contrefaçon. L'arrêt
du tribunal de l'empire allemand qui leur donna tort,
est d'autant plus important, qu'il en résulte clairement que les auteurs des Etats unionistes seront ainsi
protégés, — d'une manière indirecte, il est vrai —
contre toute contrefaçon de leurs œuvres dans les
pays étrangers à l'Union, lorsque le fait matériel de
la contrefaçon se sera produit en Allemagne. Vainement les contrefacteurs entendraient-ils profiter des
perfectionnements atteints par l'outillage allemand,
et du bas prix de la main-d'œuvre pour y faire opérer
une contrefaçon à destination d'un pays étranger qui
méconnaît la protection de la propriété littéraire ou
artistique. Ils ne le peuvent plus. C'est là une extension du rayon de protection de la Convention qui
n'avait peut-être pas été aperçue du premier
coup (1).

Il va de soi que si les méfaits énumérés limitative-
ment dans les accords internationaux sont considérés
comme des délits par la loi du pays où ces actes se
commettent, ils seront passibles des peines qui y sont
afférentes. Que si la législation pénale est muette, ils
ne pourront former que la base d'une action civile en
dommages-intérêts.

L'auteur peut céder à un éditeur son droit de reproduction pour certains pays seulement (2); ce qui
s'appelle le *droit d'édition partagé* (Getheiltes Ver-
lagsrecht). Si cet éditeur fait circuler des exemplaires

(1) Clunet, p. 44.
(2) Belgique, 1881, 3. — Suisse, 1882, 7 et 16. — Espagne,
1880, 2. — Italie, 1880, 2.

hors du territoire où le monopole lui a été concédé, il commet évidemment un acte illicite, puisque, sur les territoires qui ne sont pas compris dans son monopole, cet éditeur est un véritable tiers, et qu'il contrevient au clauses du traité en se transportant sur un marché réservé à d'autres personnes. La convention franco-allemande de 1883, contient un article semblable — art. 11 — sur le droit d'édition partagée, mais d'après elle « ses dispositions ne seront pas applicables à des ouvrages autres que les œuvres musicales ou dramatico-musicales (1). » Cette restriction qui diminue singulièrement la portée du principe s'explique facilement; la vente d'ouvrages pour un pays déterminé est d'abord faite plus fréquemment par les compositeurs que par les écrivains; et en_ suite, les œuvres musicales des Allemand sont plus répandues en France que leurs œuvres littéraires.

D'après nos traités avec l'Allemagne, la Belgique et la Suisse, les cessionnaires partiels doivent mentionner sur les titres et couvertures de l'ouvrage, ces mots : « *Edition interdite* en Allemagne, en Belgique, en Suisse ou en France. » Nous ne voyons d'ailleurs pas, quelle serait la sanction pénale du manque de cette formalité.

ADAPTATIONS, ARRANGEMENTS DE MUSIQUE. — L'Union de Berne a jugé nécessaire, dans l'article 10, de déclarer illicites certaines reproductions qui sont d'autant plus déloyales qu'elles sont plus déguisées, nous voulons parler des adaptations ou arrangements dits de bonne foi. Tantôt on gardait le texte

(2) V. Lyon-Caen, *Rev. de Gand*, 1884, p. 457.

primitif, n'en retranchant que ce qui n'allait pas avec les idées, avec les mœurs du pays auquel était destinée l'édition reproduite. Tantôt on ajoutait à l'œuvre quelques traits destinés à lui donner une couleur locale, on travestissait quelques noms, on faisait en un mot, ce qui était nécessaire pour assurer à l'œuvre *revue et corrigée*, un débit plus assuré et plus facile.

On se souvient que ce fut en Angleterre surtout que prospéra ce genre d'industrie. En 1875 pourtant, ce pays consacrait les idées de justice et d'équité en signant avec la France la *déclaration* du 10 août, portant abrogation du § 3 de l'article 4 de la convention de 1851, qui autorisait les adaptations. Mais il est difficile de perdre les mauvaises habitudes! Et, malgré la *déclaration*, un auteur anglais, M. Pinero, faisait représenter à Londres sous le titre du « *Recteur au Couvent* » une pièce qui n'était qu'un composé de l'*Aventurière* et des *Bons villageois*. A la même époque, M. Valtée Frith, sous le titre d'*Ensnared* (Pris au piège) a également adapté le *Drame de la rue de la Paix*, de M. Belot. — Pourquoi donc nos auteurs ainsi pillés, n'intentent-ils pas des procès à ceux qui oublient trop facilement que l'auteur est seul maître de son œuvre? C'est qu'ils savent bien qu'ils ne seraient pas entendus. La jurisprudence anglaise en effet, admet qu'on peut représenter sur la scène un roman dramatisé sans le consentement de l'auteur ; elle interdit la dramatisation comme livre. Par contre, un auteur anglais verrait ses droits reconnus en France, puisque la jurisprudence française est unanime à considérer les adaptations ou dramatisations, publiées, représentées ou exécutées, comme de véritables contrefaçons (1).

Les Congrès de Londres, 1879, de Vienne, 1882, avaient formellement condamné ce procédé dans leurs résolutions (2).

Dans son article 7, § 2, le Projet de l'Association littéraire internationale, adopté en 1833, déclarait que l'adaptation sera considérée comme contrefaçon, et punie de la même peine. » Mais le terme d' « adaptation » était nouveau dans la langue juridique, et, devant l'impossibilité où se trouvèrent les délégués français d'en donner une définition rigoureuse (3), la Conférence rejeta en 1884 le système admis l'année précédente, et expliqua en quelque sorte le motif de sa décision, dans le chiffre 3 du protocole de clôture. « L'attention des plénipotentiaires a été attirée par plusieurs d'entre eux sur la question de savoir s'il n'y a pas lieu de défendre expressément certaines catégories d'appropriation indirecte non autorisée, et notamment celle que plusieurs conventions en vigueur désignent sous le nom d'adaptation. »

Les plénipotentiaires ont été d'accord pour reconnaître que la contrefaçon comprend tous les genres d'atteinte illicite portée aux droits d'auteur, mais ils ont été d'avis qu'au lieu de les énumérer et de les

(1) Paris, 27 janvier 1840, Dal. Rép. au mot *Propriété litt.* n° 187. — Paris, 30 janv. 1865, *Pat.* 1865, p. 5. — Rej. Cass., 15 janv. 1867, *Pat.* 1867, p. 65.

(2) V. toutefois l'éloge de l'adaptation fait au Congrès de Londres par M. Mendès Léal, ministre de Portugal, et le mémoire en sens centraire de M. Claretie. *Bull. Ass.* 1879, n°ˢ 3 et 4.

(3) *Bull. Ass.* 1ʳᵉ série, n° 23. p. 20. — *J. Clunet*, 1884, p. 453.

définir, il est préférable de s'en remettre aux tribunaux chargés d'apprécier dans chaque cas spécial le
préjudice résultant d'une forme quelconque de contrefaçon. »

Enfin, après bien des variantes et des propositions
contradictoires, on aboutit en 1886 (1), à la rédaction
définitive de l'article 10 actuel. « Sont spécialement
comprises parmi les reproductions illicites auxquelles
s'applique la présente convention, les appropriations
indirectes non autorisées d'un ouvrage littéraire ou
artistique, désignées sous des noms divers, tels que :
adaptations, arrangements de musique, etc., lorsqu'elles ne sont que la reproduction d'un tel ouvrage,
dans la même forme ou sous une autre forme, avec
des changements, additions ou retranchements non
essentiels, sans présenter d'ailleurs le caractère d'une
nouvelle œuvre originale.

« Il est entendu que, dans l'application du présent
article, les tribunaux des divers pays de l'Union tien-
dront compte, s'il y a lieu, des réserves de leurs lois
respectives » (2).

En un mot, est condamnée, d'après le premier
alinéa de cet article, toute appropriation indirecte,
toute reproduction d'un ouvrage avec des changements
non essentiels, et qui ne présente pas le caractère
d'une œuvre nouvelle. Au juge, de voir s'il est en face

----

(1) D'Orelli, *Revue de Gand*, 1886, p. 541. — Soland, *Revue
générale*, 1887, *loc. cit.*

(2) Dans le même sens, Espagne, 1880, 4, § 2. — Italie 1884,
2 — décret italien du 19 sept. 1882, article 3. — Belgique, 1881,
1 § 3 — Suisse. 1882, 1 § 3 et 16. — Allemagne, 1883, 6, prohibent seulemnt les arrangements de musique sans s'occuper
des adaptations.

d'une production originale ou d'une reproduction déloyale.

Quant à la restriction comprise dans second alinéa elle s'explique facilement. La loi anglaise, par exemple, n'accorde pas à l'auteur d'un roman le droit exclusif de l'adapter au théâtre, c'est-à-dire, de le dramatiser. Il suit de là, qu'un romancier français se verrait sans recours possible contre l'adaptation qui serait faite en Angleterre de son roman, alors même que les changements qui y auraient été introduits ne seraient qu'insignifiants. Mais du moins pourrait-il dans la plupart des cas arriver à se faire rendre justice. Le plus souvent en effet, celui qui dramatise un roman, fait imprimer *sa* pièce avant de la faire jouer Or, ce de chef il serait condamnable, la loi anglaise défendant la *reproduction matérielle* d'une œuvre en totalité ou en partie (1). Il est malgré tout, regrettable que ce soit par un moyen aussi subtil qu'un *adaptant* soit mis hors d'état de mal faire. En cette matière surtout, il serait désirable que l'unification se fît dans les législations des divers pays (2).

(1) Le *Droit d'Auteur* 1888. p. 88 donne le compte-rendu d'une espèce intéressante qui s'est présentée devant la haute cour de justice de Londres, le 10 mai 1888. Un auteur anglais, M. Seebohm avait adapté à la scène une nouvelle étrangère. L'auteur de cette dernière l'actionna devant le tribunal de Londres, qui reconnut que M. Seebohm avait sans doute *le droit de tirer un drame de la nouvelle et de le faire jouer,* mais le condamna, de ce chef *qu'il possédait au moins* QUATRE *exemplaires de sa pièce, et que dans ceux-ci des passages entiers étaient reproduits du roman étranger.* — V. le jugement dans *J. Clunet* 1888, p. 409.

(2) La jurisprudence française regarde comme contrefaçon l'arrangement d'une composition musicale qui constituerait même une composition nouvelle.

En Allemagne, la Loi du 11 juin 1870, art. 46, ne regarde

II. — *Restrictions aux droits des auteurs.* — De singulièrcs restrictions aux droits de l'auteur se rencontrent en matière de chrestomathies et de journaux.

Journaux. — Il faut distinguer entre les romans-feuilletons, les articles de sciences et d'art et les articles de discussion politique.

Les articles de discussion politique sont les écrits traitant de la politique du jour, et non les études ayant trait à des questions de politique ou d'économie sociale (1). Leur reproduction est licite, et ne peut jamais constituer une violation des droits intellectuels. Il en est de même pour les nouvelles du jour ou faits divers ; aucune réserve ne peut empêcher la reproduction. L'article 7 du traité de Berne est en effet ainsi conçu : « Les articles de journaux ou de recueils périodiques publiés dans l'un des pays de l'Union, peuvent être reproduits en original ou en traduction, dans les autres pays de l'Union, à moins que les auteurs ou éditeurs ne l'aient expressément interdit. Pour les recueils, il peut suffire que l'interdiction soit faite d'une manière générale en tête de chaque numéro du recueil.

comme contrefaçon que les arrangements de musique qu *ne constituent pas une composition nouvelle.* Et la jurisprudence allemande proscrit l'adaptation lorsqu'on y trouve une imitation matérielle de la forme. *Rev. de Gand* 1884, p. 450. — *J. Clunet* 1886, p. 433.

Comp. le 7ᵉ vœu de la deuxième Conférence internationale de Berne, d'octobre 1889 « Il est à désirer que dans l'article 10, après les mots « dans la même ou sous une autre », les mots suivants soient ajoutés « par exemple, la transformation d'un roman en pièce de théâtre et vice versa. » — *Droit d'Auteur* 1889, p. 116.

(1) Rapport de la commission de 1885, p. 8.

« En aucun cas, cette interdiction ne peut s'appliquer aux articles de discussion politique ou à la reproduction des nouvelles du jour et des faits divers. »

Pour les romans-feuilletons et les articles de sciences ou d'art, le système admis en 1884 était beaucoup plus respectueux des droits de l'auteur, que l'article 7 du texte définitif. Défense était faite de les reproduire, sans qu'il y eût besoin d'aucune interdic-tion ou réserve de l'auteur. Une réserve était néces-saire, mais suffisante pour empêcher la reproduction des autres articles de quelque étendue. En 1885, on aboutit au système définitivement adopté (1) qui empêche la reproduction par les tiers des romans-feuilletons, ou des œuvres de science, mais sous la condition que l'auteur ait expressément réservé ses droits.

Il avait été également proposé en 1885 que les emprunts faits aux journaux fussent accompagnés de l'indication de la source. Cette exigence a paru trop

(1) Sans doute les romans-feuilletons ne sont pas expres-sément désignés dans l'article 7, mais ils sont soumis au régime des articles de journaux. Et, en effet, en 1886, le gou-vernement français avait proposé à la Conférence les deux amendements suivants : « Le paragraphe 2 de l'article 5 est applicable aux romans-feuilletons. — Les romans-feuilletons constituent moins un article de journal qu'une œuvre litté-raire publiée sous une forme spéciale, il est entendu qu'au point de vue de leur reproduction, soit en original, soit en traduction, ils sont régis non par l'article 7, mais par les articles 2, 5, 10 et 11 de la convention conclue à la date de ce jour. » — Cet amendement fut repoussé sous prétexte *qu'il modifiait le système précédemment adopté*. C'est donc que le système de 1885, maintenu en 1886 dans le texte définitif, regardait les romans-feuilletons comme des articles de jour-naux. »

En ce sens, Darras, p. 647. — *Contrà*. — Soldan, *Revue gén.* 1887, p. 494.

rigoureuse et d'une observation trop difficile dans les conditions du journalisme ordinaire. Mais il a été convenu, sur la demande de la délégation française, que les pays de l'Union pourraient toujours exiger des journaux paraissant sur leur territoire, les indications qu'ils jugeraient utiles. Si donc une loi interne prescrit aux journaux du pays d'indiquer la source à laquelle ils puisent, un journal étranger qui aurait été reproduit dans ce pays sans être cité, pourra actionner l'auteur de cette reproduction ; il ne le pourrait pas, au cas contraire. « Le *Times* ne pourrait, par exemple, poursuivre le *Journal de Genève*, qui aurait reproduit un de ses articles sans le citer, la loi suisse n'imposant pas l'obligation d'indiquer la source de la citation. Il le pourrait, au contraire, si le journal trop discret s'appelait l'*Indépendance belge* ou la *Epoca*, la législation de Belgique et d'Espagne s'accordant sur ce point avec celle d'Angleterre (1). »

Etant donné le point de vue étroit adopté par le traité de Berne (2), la majeure partie des conventions particulières conservent leur force exécutoire. La plupart, en effet, édictant plus de formalités pour que

(1) Clunet, p. 55. — Comp. Soldan, *Rev. gén.* 1887, p. 495.
(2) Comp., le cinquième vœu émis par la deuxième Conférence internationale de Berne en 1889. « Il est à désirer que l'article 7 de la Convention soit rédigé de la façon suivante : « Les articles extraits de journaux ou de recueils périodiques publiés dans l'un des pays de l'Union, pourront être reproduits, en original ou en traduction dans les autres pays de l'Union.

Mais cette faculté ne s'étendra pas à la reproduction en original ou en traduction des romans, feuilletons ou des articles de science et d'art. » *Droit d'Auteur*, 1889, p. 115.

les emprunts soient licitement faits, protègent mieux, par là même, le droit des auteurs. Elles ont donc gardé leur force, en vertu de l'article additionnel.

Nos traités avec l'Angleterre, 1851, 5, § 1, — la Suisse, 1881, 9, § 1 et 16, — la Belgique, 1882, 8, § 1 prescrivent que les journaux doivent mentionner la source à laquelle ils ont puisé.

Dans les conventions avec l'Espagne, 1880, 6, l'Allemagne, 1883, 5 et l'Italie, 1884, 5, il est spécifié que les romans-feuilletons et les articles de sciences ou d'art ne peuvent jamais être copiés et qu'il n'est pas besoin que leurs auteurs en fassent une réserve expresse. «... Les articles littéraires, scientifiques ou artistiques, les chroniques, romans ou feuilletons et en général, tous écrits autres que ceux de discussion politique, publiés dans les journaux ou recueils périodiques... ne pourront être reproduits ni traduits dans l'autre pays sans l'autorisation des auteurs ou de leurs ayants-cause (1). »

Il va de soi qu'il n'est pas nécessaire de répéter la réserve devant chacun des articles dont on ne veut pas autoriser l'emprunt; la mention faite en tête du journal, couvre de sa protection tout ce que ce dernier renferme (Angleterre, 1851, 5, § 2. — Suisse, 1881, 9, § 2 et 16. — Belgique, 1882, 8, § 2).

Sur l'exemple de presque tous les traités particuliers, la Convention de Berne, dans son article 13, consacre le droit qu'ont les gouvernements de se défendre contre l'entrée sur leur territoire et la circulation d'œuvres attentatoires au bon ordre ou à la

____

(1) V. *Revue de Gand*, 1884, p. 449.

sûreté de l'Etat. « Il est entendu que les dispositions de la présente convention ne peuvent porter préjudice, en quoi que ce soit, au droit qui appartient au gouvernement de chacun des pays de l'Union de permettre, de surveiller, d'interdire, par des mesures de législation ou de police intérieure, la circulation, la représentation, l'exportation de tout ouvrage ou production à l'égard desquels l'autorité compétente aurait à exercer ce droit. » Susceptible d'être appliqué à toutes œuvres littéraires, cet article recevra le plus souvent son application, en fait, à l'égard des journaux ou brochures. — Une disposition identique ou analogue se rencontre dans nos traités avec l'Angleterre, 1851, 12, — l'Espagne, 1880, 8, — la Belgique, 1881, 12, — la Suisse, 1882, 13 et 16, — l'Allemagne, 1883, 14, — l'Italie, 1884, 12.

CHRESTOMATHIES. — Elles sont réglées par l'article 8. « En ce qui concerne la faculté de faire licitement des emprunts à des œuvres littéraires ou artistiques pour des publications destinées à l'enseignement ou ayant un caractère scientifique, ou pour des chrestomathies, est réservé l'effet de la législation des pays de l'Union et des arrangements particuliers existants ou à conclure entre eux. » Il suit de là que les solutions contenues dans les lois internes ou dans les traités internationaux subsistent toujours.

Le projet de l'Association littéraire internationale, et celui du Conseil fédéral ne contenaient aucune stipulation à cet égard. En 1884, la délégation allemande proposa un article qui permettait l'emprunt dans les pays de l'Union pour œuvres destinées à l'enseignement ou pour chrestomathies. Sur l'opposition de la France et de l'Angleterre, cet article fut supprimé (1). — Mais l'article 8 actuel est-il donc de quelque utilité? En soi, la disposition est superflue. L'article 15 et l'article additionnel en effet, ne réservent-ils pas les arrangements particuliers entre pays unionistes, au cas où ils renfermeraient des clauses plus favorables aux auteurs, « *ou des stipulations non contraires à la présente convention* (2)? »

La liberté de reproduire des extraits, des fragments, et même des morceaux entiers d'un ouvrage protégé, dans des œuvres d'enseignement, de sciences, ou dans des chrestomathies, est consacré par la plupart des conventions particulières, Espagne, 1880, 4, § 8, — Belgique, 1881, 2, — Suisse, 1882, 2 et 16, — Allemagne, 1883, 4, § 3. — Généralement la réciprocité est stipulée (3), ainsi que la nécessité d'accompagner l'emprunt de notes explicatives en une autre langue que celle de l'édition originale (4).

---

(1) Rapport de la Commission, 1885, p. 9. — *J. Clunet*, 1885, p. 492. — D'Orelli, *Revue de Gand*, 1886, p. 37. — La délégation française fit remarquer que les ouvrages scolaires étant ceux qui étaient du meilleur rapport, il était fort injuste d'enrichir des compilateurs ou éditeurs peu scrupuleux, au détriment des auteurs.

(2) La Conférence reconnut d'ailleurs, que rien ne pouvait détruire le droit de citation nécessaire pour les études critiques, commentaires, etc.

(3) V. toutefois Belgique, 1881, 2, qui n'autorise qu'en Belgique et non en France, la publication de *chrestomathies* en vue de l'enseignement.

(4) Sauf dans les conventions avec la Suisse et l'Allemagne. Remarquons l'obligation qu'impose cette dernière convention d'indiquer dans les chrestomathies, l'origine de chaque fragment. De cette façon du moins, les auteurs ne sont plus dépouillés du mérite et de l'honneur qui peut leur revenir.

III. — *Le droit de traduction.* — Nous avons déjà parlé de l'importance de cette question dans les relations internationales. C'est par la traduction, en effet, que s'opère la plupart du temps la contrefaçon des œuvres étrangères, de sorte que, comme le disait M. Renault dans un rapport à l'Institut de Droit international (1), on n'aura rien fait, ou presque rien si on a protégé les auteurs contre la reproduction matérielle et non contre la traduction de leurs œuvres, puisque c'est par la traduction qu'on voudra profiter dans un pays du succès qu'a eu un ouvrage dans un autre pays (2).

L'article 5 du projet de 1883, ainsi que l'avant-projet suisse, assimilait le droit de traduction au droit de reproduction, au point de vue de la durée. Mais, au au Congrès de 1884, malgré les efforts de la délégation française, qui prouva vainement à la Conférence que « le droit de traduction ne peut et ne doit être considéré que comme un démembrement du droit de reproduction ou comme une forme spéciale du droit de reproduction proprement dit (3) », la majorité

(1) *Annuaire de l'Institut de droit international* 1882, p. 179. Rapport de M. Lermina au Congrès de 1879, à Londres, *Bull. Ass.* 1879, N° 4.

(2) Contre la réserve exclusive du droit de traduction à l'auteur de l'œuvre originale, on objecte le droit qu'ont les pays de faible production de se tenir au courant du mouvement littéraire des pays plus favorisés ; l'intérêt qu'il y a à ce qu'une mauvaise traduction ne soit pas protégée au delà d'une certaine durée, afin qu'elle puisse être remplacée par une traduction meilleure ; la diminution qui ne manquerait pas de se produire dans le nombre des traductions, diminution qui aurait son contre-coup fâcheux dans toutes les industries qui concourent à la production du livre.

(3) *Bull. Ass.* 1884, 1re série, n° 23, p. 19. — *J. Clunet*, 1884, p. 451.

des Etats représentés adopta un système mixte ; l'au
teur jouissait du droit exclusif de traduction durant les
trois années qui suivaient la publication de l'œuvre
originale. Les trois années passées, libre à chacun de
traduire l'œuvre, à moins cependant que l'auteur de
l'œuvre originale n'ait lui-même édité une traduction
de son œuvre durant ce laps de temps. En ce cas,
toute autre traduction faite sans le consentement de
l'auteur durant les dix ans qui suivaient la publication
de la version autorisée, était illicite.

On comprend les critiques que le *Syndicat des sociétés littéraires et artistiques* émit contre ce
système (1). Il ne protégeait en effet le droit de traduction que durant trois ans. Passé ce délai, il fallait
que l'auteur eût publié lui-même une traduction de son
œuvre pour être protégé. Et encore, ne devait-il l'être
que contre les autres traductions faites dans l'idiôme
employé par lui. Autrement dit, un auteur français,
qui, dans les trois ans de la publication de son œuvre
originale, en aurait fait une traduction allemande, se
serait bien vu protéger dix ans encore contre toute
autre traduction allemande, mais non contre une traduction anglaise ou italienne.

Aussi, la délégation française insista-t-elle en 1885,
pour qu'on en revînt au projet de 1883. Mais contre sa
proposition, elle trouva réunis l'Allemagne, le Honduras, l'Italie, la Suède, la Norwège et la Suisse. C'était
demander à ces nations de modifier trop brusquement
leurs lois particulières. Seules, en effet, la France, l'Es-

(1) *J. Clunet* 1885, p. 61.

pagne, la Suisse et la Belgique (1) ont en cette matière une législation libérale.

Finalement on aboutit au système consacré par l'article 6 de la Convention. « Les auteurs ressortissant à l'un des pays de l'Union, ou leurs ayants-cause, jouissent, dans les autres pays, du droit exclusif de faire ou d'autoriser la *traduction* de leurs ouvrages *jusqu'à l'expiration de dix années* à partir de la publication de l'œuvre originale dans l'un des pays de l'Union.

Pour les ouvrages publiés par livraison, le délai de dix années ne compte qu'à dater de la publication de la dernière livraison de l'œuvre originale.

Pour les œuvres composées de plusieurs volumes publiés par intervalles, ainsi que pour les bulletins ou cahiers publiés par des sociétés littéraires ou savantes ou par des particuliers, chaque volume, bulletin ou cahier, est en ce qui concerne le délai de dix années, considéré comme ouvrage séparé.

Dans les cas prévus au présent article, est admis comme date de publication pour le calcul des délais de protection, le 31 décembre de l'année dans laquelle l'ouvrage a été publié. »

Par conséquent, il n'est plus besoin *d'aucune formalité* pour la conservation du droit. Sans doute, l'auteur devra accomplir au pays d'origine les formalités prescrites par l'article 2 § 2, mais aucune formalité spéciale n'est plus nécessaire (2) pour sauvegarder

____

(1) Et, pour cette dernière, seulement depuis la Loi du 22 mars 1886, art. 17.

(2) La même disposition se trouvait dans la convention franco-allemande de 1883.

l'exercice du droit de traduction. *A fortiori*, n'est-il astreint à aucun délai pour commencer cette traduction.

Quant à la *durée de la garantie*, quoi qu'elle soit encore assez restreinte, elle est cependant préférable à celle qu'édictent bien des lois ou traités.

Voici comment s'exprimait au Sénat, le rapporteur du projet de loi portant approbation du traité de Berne (1) : « Le principe que nous avons cherché à faire prévaloir assimilait le droit de traduction au droit de reproduction et en garantissait la jouissance à l'auteur et à ses ayants-cause, aussi longtemps que ceux-ci conservaient leurs droits sur l'œuvre même; mais ce principe n'est pas admis par la plupart des législations étrangères et c'est à titre de transaction que le délai de dix ans a été inscrit dans la convention actuelle. Tel qu'il est, le terme fixé de dix ans marque un progrès sérieux, puisque dans la plupart de nos conventions cette période n'est accordée que sous la condition d'avoir, dans un délai de un à trois ans, après la publication de l'original, fait publier la traduction dont il s'agit. Cette condition gênante n'existe plus, et comme la traduction est assimilée à l'original (article 6), les auteurs se trouvent dispensés en même temps des formalités multiples qu'ils devaient remplir dans chaque pays étranger pour la protection des traductions qui se publient de leurs œuvres. »

La Convention d'ailleurs, n'accorde dans cet article, qu'un minimum de protection. L'article 5 n'est

(1) Sénat, session extraordinaire de 1886. — Annexe au procès-verbal de la séance du 11 novembre 1887, n° 23, p. 4.

pas impératif ; il laisse, par suite, subsister les droits plus étendus que la législation intérieure des pays de l'Union ou les Conventions particulières entr'eux conclues, accordent déjà ou accorderont par la suite aux auteurs ou à leurs ayants-cause.

C'est ainsi que les relations de nos auteurs avec l'Espagne et réciproquement, continuent à être régies par l'article 3 du traité de 1880, qui assimile le droit de traduction aux droits de reproduction et de représentation. Si donc en 1887, M. Abraham Dreyfus, dont la saynète « *Un crâne sous une tempête* », avait été traduite en espagnol et publiée à Madrid, sous le nom de « *Aguado* », n'a pas vu son droit respecté, il n'en doit accuser que sa propre négligence ; le traité de 1880 lui fournissait le moyen de faire respecter son droit (1).

Même assimilation du droit de traduction au droit de reproduction, dans nos rapports avec la Belgique. Si, en effet, l'article 6 de la Convention de 1881, n'accorde à ce droit qu'une protection de dix ans, la *déclaration* interprétative du 4 janvier 1882 porte que les auteurs des deux pays auront le droit d'invoquer le traitement de la nation la plus favorisée, quant au droit de traduction ; or, la Convention du 6 juin 1880, entre la Belgique et l'Espagne, assimile le droit de traduction au droit de reproduction (2).

Notre situation avec la Suisse se trouve plus compliquée. La clause de la nation la plus favorisée, contenue dans le traité de 1882, permet aux auteurs

(1) *J. Clunet,* 1887, p. 736.
(2) *Revue de Gand,* 1882. p. 86.

suisses d'invoquer en France, les dispositions si libérales de la Convention franco-espagnole. Mais la
Suisse n'ayant, de son côté, signé aucune Convention
sur des bases aussi larges, les auteurs français n'ont
que la ressource d'invoquer la loi fédérale de 1883,
en vertu de laquelle le droit de traduction sur les
œuvres qui ne sont ni dramatiques, ni musicales, n'est
traité comme celui de reproduction que si dans les
six ans, l'intéressé a fait usage de la faculté qui lui
est reconnue (1).

Nous ne parlons pas de la convention franco-
allemande de 1883, qui, moins libérale que le traité
d'Union, se trouve donc amendée par celui-ci. Elle
exigeait, en effet, pour que l'auteur jouisse du droit
exclusif de traduction, qu'il ait fait paraître une traduction dans les trois ans à partir de la publication de
l'œuvre originale (2). L'Allemagne se montra toujours
rebelle à l'extension donnée à l'exercice du droit privilégié de traduction, le considérant comme un obs-

(1) *Revue de Gand*, 1882, p. 539.
(2) *Revue de Gand*, 1884, p. 456. — Le fait suivant montre
bien de quelle gêne est l'exigence d'une telle formalité dans
l'exercice d'une action judiciaire. En juin 1887, la *Deutsche
Zeitung*, de Munich, publia, sous le titre de *Namenlos (Sans
nom)*, roman à sensation, par..., — *tante Aurélie* de l'auteur
français Theuriet. Ce dernier s'est plaint de ce sans-gêne, par
une lettre adressée au *Journal de Clunet* (1887, p. 737), mais
il ne pouvait plus intenter d'action judiciaire, car *Tante Aurélie* avait paru avant 1884, et l'auteur n'en avait fait aucune
traduction ; c'est pourtant ce qui, d'après l'article 10, § 3, était
nécessaire pour qu'il pût sauvegarder son droit privilégié.
Le procédé dont s'est plaint à juste titre M. Theuriet, ne
relèverait plus seulement de l'*opinion*, et en vertu de l'article 5
du traité de Berne, tomberait, s'il se reproduisait, sous le coup
de le répression pénale.

tacle au développement de l'instruction et de la civilisation (1).

Toutes traductions ne sont pas illicites. Une traduction peut en effet être licite dans deux cas ; ou bien lorsque le droit de traduction est dans le domaine public ; ou bien, quand le droit exclusif de traduction existant encore en faveur de l'auteur ou de ses ayants-cause, le traducteur a obtenu l'autorisation de ces derniers. Dans ce dernier cas, toute traduction non autorisée sera réputée contrefaçon ; dans le premier cas, est seule protégée la reproduction pure et simple de la traduction. Telles sont les dispositions de l'article 6 de la Convention sur ces divers points. « Les traductions licites sont protégées comme des ouvrages originaux. Elles jouissent, en conséquence, de la protection stipulée aux articles 2 et 3, en ce qui concerne leur reproduction non autorisée dans les pays de l'Union.

« Il est entendu que, s'il s'agit d'une œuvre pour laquelle le droit de traduction est dans le domaine public, le traducteur ne peut pas s'opposer à ce que la même œuvre soit traduite par d'autres écrivains. »

Presque toutes les Conventions particulières possèdent une disposition analogue : Angleterre 1851, 2 — Espagne 1880, 3, § 2 — Belgique 1881, 5 *in fine* — Suisse 1882, 5 *in fine* — Allemagne 1883, 9, § 3 — Italie 1884, 7, § 3.

Que décider au cas où une traduction illicite ayant paru dans un pays non contractant, un ressortissant de l'un des Etats unionistes, reproduirait

(3) De Clercq, tom. 14, p. 235.

cette traduction ? Nous croyons qu'à l'égard de l'auteur de l'œuvre originale, la reproduction de cette traduction constituerait une traduction illicite. Peu importe que la traduction n'ait pas été faite directement sur l'original! Elle n'en a pas moins le caractère d'une contrefaçon punissable.

SECTION VIe

FORMALITÉS

La plupart des traités particuliers soumettaient à de nombreuses formalités, la conservation du privilège qu'ils accordaient aux auteurs. C'étaient, avec l'exigence du certificat du pays d'origine, le dépôt d'un exemplaire, l'enregistrement dans un délai déterminé au pays d'origine et au pays d'importation ; toutes ces formalités parfois combinées, pour former autant de mesures vexatoires, dont le poids chargeait lourdement les auteurs (1).

Les vives attaques (2), qui furent dirigées contre ces dispositions portèrent leurs fruits. Et, à son discours d'ouverture de la Conférence de 1884, M. Droz s'écriait (3) : « Une deuxième question est celle des formalités à remplir pour la constatation du droit. Les écrivains et les artistes demandent sous ce rapport, la plus grande simplification. Tel pays a conclu récemment vingt-cinq conventions, pour la propriété litté-

(1) Comp. Belgique, 1861 et 1869, — Italie, 29 juin 1862, — Angleterre, 3 nov., 1851 et 11 août 1875, — Espagne, 1853, — Allemagne, 1861 et 1871, — Suisse, 1882, etc., etc.
(2) *Pat.* 1858, p. 408. — Congrès de Bruxelles, 1858, *Bull. Ass.*, 1re série, n° 10, p. 43.
(3) Procès-verbaux officiels de la Conférence de 1884, p. 21.

raire et artistique. Si ses ressortissants doivent remplir vingt-cinq fois la formalité de l'enregistrement et du dépôt, cela devient tout ensemble fastidieux et coûteux. Et cependant, cela n'est pas essentiel au point de vue de la constatation du droit, qui, une fois faite dûment dans le pays d'origine, peut sans inconvénient être reconnue comme valable dans tous les autres pays. Vous apprécierez, Messieurs, s'il est possible de donner satisfaction à ce vœu que, quant à moi, je considère comme légitime (1). »

La Conférence de 1886 suivit cette voie, avec grande raison, pensant que l'auteur ne devait pas avoir à se conformer avec vingt-cinq législations différentes qui lui seront totalement inconnues. Aussi adopta-t-elle sans aucune opposition, le principe proposé par l'avant-projet du conseil fédéral, et que consacre l'article 2, 2° alinéa du traité : « La jouissance de ces droits est subordonnée à l'accomplissement des conditions et formalités prescrites par la législation du pays d'origine de l'œuvre... »

Par une application de la règle *locus regit actum*, est donc seul exigé désormais, l'accomplissement des formalités requises au pays d'origine de l'œuvre. La Conférence ne pouvait évidemment abolir l'obligation

(1) « Il va de soi, dit la *Law Quaterly Review* (n° de janvier 1887), que les formalités surannées de l'enregistrement double, dans le pays d'origine et dans l'Etat étranger, imposent une lourde charge aux auteurs qui veulent obtenir la protection dans plusieurs Etats, surtout quand il s'agit de livres coûteux ; car remettre, à ses frais, des exemplaires de ses œuvres aux gouvernements étrangers et payer un agent qui fasse le dépôt et l'enregistrement, cela équivaut souvent bel et bien, à exclure un auteur pauvre de la possibilité d'obtenir la reconnaissance de ses droits. »

de l'enregistrement d'un ouvrage là où cette obligation est établie par la loi, soit pour toutes les catégories, soit pour certaines catégories des œuvres de l'esprit. Mais, puisque les divers pays possèdent des dispositions divergentes, au sujet des formalités dont l'accomplissement est indispensable pour obtenir la protection, on a établi à titre de simplification, le principe que l'auteur doit uniquement accomplir les conditions prescrites par la législation du pays d'origine de l'œuvre, en vue d'être protégé dans tout le territoire de l'Union (1).

Qu'une œuvre, par exemple, soit publiée en France, l'auteur n'a qu'à satisfaire aux prescriptions de la loi française, c'est-à-dire à effectuer le dépôt en France. Par l'accomplissement de cette formalité, il verra son droit protégé dans tous les pays de l'Union, sans avoir

---

(1) Comp. Droz, — Lettre au syndicat français de la propriété littéraire et artistique, *J. Clunet*, 1885, p. 163. — Clunet, p. 47. — Soldan, *Revue générale,* p. 407. — Ce point, à notre sens, ne pouvait souffrir aucune difficulté. Cependant la deuxième Conférence internationale de Berne, a jugé utile d'adopter à la suite de ses vœux, l'interprétation suivante : « Sur le deuxième paragraphe de l'article 2 de la Convention, la Conférence a émis l'avis que des termes de ce paragraphe, il résultait clairement que l'accomplissement des conditions et formalités prescrites par la législation du pays d'origine, dispensait l'auteur de toute autre formalité, quelle qu'elle soit, dans les autres pays de l'Union. » *Droit d'auteur*, 1889, p. 116.

Citons une décision de jurisprudence conforme : Périgueux, 19 juin 1889, *Droit d'auteur*, 1889, p. 127. — « Attendu que... le progrès réalisé par la Convention de Berne, consiste en ce qu'elle exige seulement que l'auteur se soit mis en règle avec la législation du pays d'origine de l'œuvre et n'exige pas des formalités spéciales dans chaque pays où la protection est réclamée, tandis que les anciennes Conventions exigeaient ordinairement, soit un enregistrement et un dépôt, soit un enregistrement seulement... »

à procéder, soit à l'enregistrement en Angleterre (1),
soit au dépôt en Espagne ou en Italie.

Mais, comment les tribunaux étrangers s'assureront-
ils que le demandeur a accompli les formalités vou-
lues dans l'Etat auquel il appartient? — La plupart des
Conventions lui reconnaissent expressément le droit
de produire un certificat délivré par l'autorité compétente, et légalisé en pays étranger par l'agent diplomatique de son pays (Belgique, 1881, 3 (2) — Suisse,
1882, 18). — Suivant l'article 11 du traité de Berne :
« Pour que les auteurs des ouvrages protégés par la
présente Convention soient, jusqu'à preuve contraire,
considérés comme tels et admis en conséquence,
devant les tribunaux des divers pays d'Union, à exercer des poursuites contre les contrefaçons, il suffit
que leur nom soit indiqué sur l'ouvrage en la manière
usitée.

« Pour les œuvres anonymes ou pseudonymes, l'éditeur dont le nom est indiqué sur l'ouvrage, est fondé
à sauvegarder les droits appartenant à l'auteur. Il est,
sans autres preuves, réputé ayant-cause de l'auteur
anonyme ou pseudonyme.

(1) « Une circonstance à signaler, c'est que la Grande-Bretagne, qui s'était toujours jusqu'ici montrée si attachée aux
formalités d'enregistrement et de dépôt, jugées inutiles d'ailleurs, s'est ralliée de suite à cette simplification. » — Clunet, *eod loco*.

(2) D'après cette convention, il suffit de la production d'un
certificat délivré par le bureau de la librairie au ministère de
l'intérieur, et légalisé par la légation de Belgique à Paris,
certificat constatant que l'ouvrage en question est une œuvre
originale qui, dans le pays ou elle a été publiée, jouit de la
protection légale contre la contrefaçon ou la reproduction
illicite. Voy. Trib. de Bruxelles, 1er décembre 1886, *J. Clunet*,
1887, p. 749.

« Il est entendu, toutefois, que les tribunaux peuvent exiger, le cas échéant, la production d'un certificat délivré par l'autorité compétente, constatant que les formalités prescrites, dans le sens de l'article 2, par la législation du pays d'origine, ont été remplies. »

Cet article règle ainsi d'une manière très simple, les conditions à remplir pour agir en justice, contre les contrefacteurs. Il forme le corollaire naturel de l'article 2, qui vise les formalités et conditions matérielles dont l'accomplissement est requis pour jouir du bénéfice de la Convention.

Une disposition analogue se rencontrait dans nos traités avec l'Italie, 1883, 9, et avec l'Allemagne, 1884, 7. Même, ces traités ne parlaient pas de la production d'un certificat; l'indication du nom de l'auteur sur un ouvrage était suffisante, jusqu'à preuve contraire du droit de propriété, pour lui assurer la protection légale garantie par ces Conventions (1).

Supposons accomplies les formalités requises au lieu d'origine. Alors, nous dit l'article 2, assimilation complète est faite de l'auteur étranger aux nationaux. Cette formule est-elle bien exacte? En d'autres termes, l'auteur étranger dont les droits auront été violés, pourra-t-il agir devant les tribunaux d'un Etat étranger, comme le ferait un national de celui-ci? — La plupart des législations européennes ont encore gardé la caution *judicatum solvi*, exigible avant tout procès, du demandeur étranger. Eh bien! l'auteur ressortissant d'un des pays de l'Union, qui voudrait soutenir

____

(1) *Revue de Gand*, 1883, p. 406, — 1884, p. 452. — De Clercq, tom. 14, p. 235.

devant les tribunaux d'un autre pays contractant, ses droits violés, sera-t-il encore tenu de fournir au préalable la caution *judicatum solvi?*

Nous avouons qu'à la première lecture de l'article 2, il semble bien que les étrangers sont assimilés aux nationaux, quant à la jouissance de leurs droits ; qu'ils sont soumis aux seules conditions et formalités dont sont chargés les nationaux. Or, ces derniers n'étant pas assujettis à la formalité d'une caution préalable, il semble légitime de conclure qu'on aggraverait la situation des auteurs étrangers, en les astreignant à fournir cette caution, Le Français exerce son droit en France, actionne le contrefacteur sans avoir à fournir une caution. Puisque le traité d'Union spécifie une exacte réciprocité de protection, comment exiger une caution du demandeur étranger qui agit en France? Les conditions de la protection ne seraient plus alors les mêmes. Elles seraient plus onéreuses pour l'étranger que pour le national. Et la Convention qui proclame un principe contraire !

Nous pensons cependant, qu'à moins de se payer de mots, on doit exiger la caution *judicatum solvi* du demandeur étranger. Qu'on le remarque bien, en effet, la Convention n'a entendu toucher à aucun point de procédure. Elle soumet les étrangers aux mêmes conditions et formalités que les nationaux ; c'est-à-dire qu'elle permet aux étrangers *de défendre leurs droits* d'auteur devant les tribunaux des autres pays, quand ils auront observé les conditions opposées à la mise en exercice du droit des nationaux. Mais elle ne s'inquiète pas des *règles de procédure* spéciales à chaque pays qui subsistent pleines et entières.

Nous trouvons d'ailleurs dans le texte du deuxième vœu émis par la deuxième Conférence internationale de Berne (1), et dans le programme des travaux de cette Conférence (2), un argument absolument formel en notre faveur. Le programme des travaux, au 2°, porte une « Etude spéciale des points particuliers, sur lesquels une *révision* paraît nécessaire, notamment.....

» *d*) De la suppression, dans les Etats de l'Union, de la caution *judicatum solvi,* en matière littéraire et artistique. » Et nous lisons au deuxième Vœu émis par la Conférence : « Il désirable que dans les procès relatifs aux contestations que peut faire naître l'application de la Convention de Berne, la « caution judicatum solvi » soit supprimée... »

Tout cela ne prouve-t-il pas jusqu'à l'évidence, que la caution *judicatum solvi* subsiste encore (3)?

(1) *Droit d'Auteur,* 1889, p. 115.
(2) *Droit d'Auteur,* 1889, p. 110.
(3) Voy. une intéressante étude publiée à ce sujet dans le *Droit d'Auteur,* numéros de juin et juillet 1889, p. 73 et 87.
Lors du procès dit des *Mélomanes,* le tribunal de Gand, par jugement interlocutoire de décembre 1888, a condamné le demandeur, citoyen français, à déposer avant tout débat une caution fixée à 500 fr. — *Droit d'Auteur,* 1889, p. 46.
Pas n'est besoin d'ajouter que nous ne nous méprenons pas sur le peu de valeur théorique de cette disposition, dernier vestige des anciennes marques de défiance et de défaveur à l'égard des étrangers, et que nous désirerions voir disparaître de tous les Codes et en toutes matières, la caution *judicatum solvi !*

APPENDICE

LES CONGRÈS LITTÉRAIRES

Nous devons, en terminant, dire quelques mots des Congrès littéraires qui se sont réunis depuis la signature de la Convention de Berne. L'on sait, en effet, que tous les ans, l'Association littéraire internationale tient ses assises dans des villes différentes, assises où les gens de lettres, auteurs dramatiques ou compositeurs de musique discutent principalement les points qui n'ont pas été touchés par la Convention, ou qui ne paraissent pas avoir été résolus par elle dans un sens suffisamment favorable aux droits de l'auteur.

Ce qu'il ne faut pas oublier, c'est que les Congrès posent des questions de principes, et les traitant au point de vue de l'idéal, les tranchent d'après la doctrine sans tenir compte des difficultés que l'application actuelle de cette doctrine peut rencontrer. Assurément, la Convention de Berne n'est point parfaite ; ses rédacteurs savaient bien eux-mêmes qu'ils n'avaient pas atteint la perfection. Pour eux, elle constituait simplement un pas en avant, et il était réservé à l'avenir d'aller plus loin et de lui donner les qualités qui lui restent à acquérir.

C'est ce que n'ont pas voulu comprendre la majorité des littérateurs et des artistes, et c'est de leur part que sont venues les plus vives critiques qui ont accueilli la mise en vigueur de la Convention. Et presque tous formulèrent en termes différents ces plaintes que nous trouvons exprimées par la commission de la Société des auteurs et compositeurs dramatiques dans l'avis qu'elle donna lors de la réunion du Congrès de Paris en 1889 : « A Berne en 1886, les Puissances adhérentes signèrent une convention qui, au lieu de faire faire un pas en avant à la question, lui faisait plutôt faire un pas en arrière. Car elle nous enlève quelques-uns des avantages qui nous avaient été accordés dans les traités internationaux déjà conclus, et tout ce qui nous est préjudiciable est consacré désormais par l'adhésion des Puissances signataires, etc... » — Manque d'universalité, inexactitude des principes qui lui servent de base, adoption constante de demi-mesures qui ne donnent pas complète satisfaction aux droits de l'écrivain sur son œuvre, voilà les principaux reproches que les intéressés font à la Convention. Nous ne croyons pourtant pas *qu'en fait*, la convention de Berne eût pu être plus parfaite qu'elle ne l'a été. En 1886, divers Etats se trouvaient en présence pour régler entr'eux, d'une manière uniforme, la question littéraire. Théoriquement certes, il eût été désirable que les Etats les plus en progrès, tels que la France et l'Espagne, aient pu attirer à eux les autres Etats moins avancés. Pratiquement, ce n'était pas possible. Et si elle avait fait preuve d'une intransigeance absolue, la Conférence aurait, sans aucun doute, compromis son œuvre. Des littérateurs se plaignent de ce qu'elle n'a pas atteint l'idéal. Qu'il se félicitent plutôt des avantages considérables qui en sont résultés. La Convention de Berne n'est pas la perfection, mais elle est un mieux sur un état de choses préexistant ; elle ne méritait donc pas l'accueil que lui ont fait les personnes de qui elle voulait sauvegarder les intérêts.

Non pas, qu'à notre avis, la Convention soit le dernier mot du progrès dans la protection du droit d'auteur. Ce dernier mot ne sera dit que le jour où on sera arrivé à codifier dans le cadre d'une convention toutes les dispositions relatives à la propriété littéraire et artistique, de telle façon que l'on aurait sous la main une législation uniforme des droits de l'auteur en matière internationale, sans avoir besoin de recourir aux lois intérieures de chaque pays. Alors, comme on l'a dit, nous assisterions à un spectacle sans précédent dans les annales du droit. En matière littéraire et artistique, il n'y aurait plus ni nationaux, ni étrangers ; il n'y aurait qu'une loi, une protection unique et égale pour tous les auteurs, et quelle que fût la nationalité à laquelle ils appartiennent, ils seraient partout chez eux. L'avenir nous dira si ce n'est là qu'une utopie irréalisable.

Il n'importe qu'en attendant, les congressistes auraient eu souvent profit à entendre les paroles que nous trouvons dans la bouche de M. Droz, lors de la seconde Conférence internationale, réunie à Berne, par l'Association littéraire et artistique internationale, le 5 octobre 1889. « Il est dans la nature des choses que, vous plaçant en face de votre idéal, vous désiriez voir orner votre œuvre, le plus tôt possible, de toutes les qualités qui, à vos yeux, lui manquent encore. Mais je vous prie de ne pas perdre de vue que les défauts que vous relevez en elle sont considérés par d'autres comme des avantages. En voulant

procéder avec impatience, on risquerait de priver
l'œuvre de quelques-uns de ses meilleurs soutiens.
Par une disposition très sage, à mon avis, la Convention prévoit qu'aucun changement ne sera valable
pour l'Union que moyennant l'assentiment unanime
des pays qui la composent. On a voulu par là donner
aux Etats pour lesquels la Convention consacre le
maximum des progrès actuellement réalisables chez
eux, une garantie contre le courant trop hâtif dans
lequel chercheraient à les entraîner les Etats plus
avancés. Il faut donc que les perfectionnements à
apporter à l'Union considérée dans son ensemble,
résultent de la persuasion générale. C'est votre tâche
à vous et à tous les pionniers du droit d'auteur dans
les divers pays, de faire pénétrer dans la conscience
publique, puis dans les législations nationales, les
notions qui vous paraissent à la fois justes, pratiques
et mûres pour chaque Etat.

« Ce chemin est sans doute plus long qu'une révision pure et simple de la Convention, mais c'est le
seul qui conduit sûrement au but. Au reste, la
Convention elle-même permet aux pays avancés de
conclure entre eux des unions restreintes dont peuvent faire partie tous ceux qui sont d'accord sur un
même principe ; par exemple, la durée illimitée du
droit de traduction. En faisant usage de cette faculté
ils prêcheront d'exemple, leur nombre s'accroîtra et
finira par embrasser la totalité des pays de l'Union,
sans qu'on ait eu besoin de toucher au pacte fondamental. Agir autrement, c'est-à-dire vouloir imposer
aux Etats retardataires des principes à la hauteur
desquels ils ne sont pas encore arrivés, ce serait les

faire retomber, à la joie des adversaires de l'Union, dans l'état de piraterie dont elle les a fait sortir non sans peine, ce serait empêcher l'accession d'autres Etats qui sont sur le point de venir à nous, ce serait aller à fins contraires des intérêts que vous cherchez à sauvegarder, non point dans les pays où la législation répond déjà à vos vues, mais précisément dans les autres.

« Donc, Messieurs, continuez à jalonner par vos vœux la route que la législation intérieure et internationale doit suivre. Mais ne précipitez aucune solution et sachez attendre du temps la récompense de vos efforts (1). »

Nous avons tenu à reproduire ces lignes qui, appuyées de l'autorité puissante de celui dont elles émanent, montrent bien la prudence et la patience qui sont nécessaires pour mener à bien l'œuvre si heureusement commencée par les conférences de Berne de 1883 à 1886.

Sous le bénéfice de ces observations, nous allons succinctement indiquer les vœux principaux, sortis de la réunion des divers Congrès de Madrid, Venise et Paris, Congrès qui se sont tenus successivement en 1887, 1888 et 1889.

Une des questions principales qui leur fut soumise, et sur laquelle il ne se produisit jamais de divergences, fut celle de l'assimilation du droit de

---

(1) *Droit d'Auteur* 1889, pp. 114 et 115. — *Adde* M. Clunet, au Congrès de Madrid de 1887. « On a peu de succès quand on ne défend pas les idées les plus libérales, mais il est sage de s'arrêter à des idées pratiques et de renoncer à ce qu'il est matériellement impossible d'obtenir. »

traduction au droit de reproduction (1). Au cours de ćette étude, nous avons constaté que la question de traduction est une question vitale en matière de protection de la propriété littéraire, puisqu'un auteur traduit sans autorisation est aussi lésé qu'un auteur reproduit illicitement, avec cette considération aggravante que les mauvaises traductions de son œuvre peuvent même porter un sérieux préjudice à sa renommée de bon écrivain. Les Congrès de Madrid, Venise et Paris, sur les conclusions conformes de leurs rapporteurs, ont voté l'assimilation complète et à tous points de vue des deux droits de reproduction et de traduction. C'est pour la *neuvième fois* que ce vœu se trouvait exprimé au Congrès de Paris ! — La deuxième Conférence internationale de Berne réunie pour étudier les propositions qui pourront être présentées à la Conférence diplomatique (2), à l'effet de perfectionner et de développer l'Union, s'est montrée moins absolue sur cette question ; et, si elle demande l'assimilation du droit de traduction au droit de reproduction, c'est avec la restriction « que l'auteur ait fait usage de ce droit dans un délai de dix ans. »

Plus accentuée est la contradiction entre les vœux émis par cette deuxième Conférence internationale et les Congrès antérieurs, sur la question des jour-

----

(1) On se rappelle que la Convention de Berne réserve à l'auteur le droit de traduction pendant 10 ans, sans restriction.

(2) En vertu de l'article 17 de la Convention, une deuxième Conférence diplomatique chargée de maintenir ou d'améliorer l'Union, doit se réunir à Paris entre le 5 décembre 1891 et le 5 décembre 1893.

naux (1). Le Congrès de Venise (2) votait une résolution demandant la protection absolue du droit de
l'auteur sur les articles parus dans un journal, qu'il
s'agisse d'articles politiques ou autres, et ne l'astreignant
à aucune mention spéciale de réserve ou d'interdiction. Moins absolu déjà, le Congrès de Paris protégeait sans doute le droit du journaliste sur ses
articles, mais autorisait la reproduction d'un article
politique, à la condition « d'en indiquer la source et
le nom de l'auteur, » si l'article était signé, « à moins
que cet article ne porte la mention spéciale que la
reproduction en est interdite. » Quant à la deuxième
Conférence de Berne, voici le vœu qu'elle émettait
sur cette question : « Il est à désirer que l'article 7
de la Convention soit rédigé de la façon suivante :
Les articles extraits de journaux ou de recueils périodiques publiés dans l'un des pays de l'Union pourront
être reproduits, en original ou en traduction, dans
les autres pays de l'Union.

« Mais cette faculté ne s'étendra pas à la reproduction, en original ou en traduction des romans
feuilletons ou des articles de science et d'art. »

Sur la question des chrestomathies ou recueils de
morceaux choisis, les divers Congrès votèrent que
tout emprunt, quel qu'il fût, devait être interdit sans
la permission de l'auteur (3) ; c'est la conséquence
logique du principe que l'auteur a un droit absolu sur
son œuvre.

(1) Le congrès de Madrid ne traita pas cette question.
(2) Comp. art. 7 de la Convention.
(3) Comp. art. 8 de la Convention.

Tous furent également d'accord poʊr proscrire l'adaptation sous quelque forme qu'elle se présente.

Signalons enfin la résolution dans laquelle le congrès de Venise envoya « aux défenseurs de la propriété intellectuelle aux Etats-Unis le sincère témoignage de sa gratitude et de ses plus actifs encouragements, » espérant « que dans un temps peu éloigné les droits imprescriptibles de la pensée humaine seront reconnus et protégés sans distinction entre les nationalités des auteurs et autant que possible conformément aux principes énoncés dans la convention internationale de Berne. » Une autre résolution de ce même congrès demande « que les délégations de la Russie, de l'Autriche-Hongrie, du Portugal et de la Hollande provoquent immédiatement dans ces pays un mouvement en faveur de leur adhésion à l'Union de Berne. »

Puisse la prochaine Conférence diplomatique (1), s'inspirant des faits acquis par l'expérience et des *desiderata* exprimés par les divers intéressés, trouver des solutions pratiques qui réunissent l'assentiment du plus grand nombre de pays en amenant entre eux un régime commun !

(1) « Le Congrès émet le vœu que, conformément à l'article 17 de la Convention de Berne, et au pays du protocole de clôture, la date la plus raprochée soit fixée pour la prochaine Conférence, pour l'examen des modifications que la pratique a fait reconnaître nécessaire d'introduire dans la Convention de Berne. » (Vœu 14 du Congrès de Paris). — L'on sait que la date la plus rapprochée où pourrait être convoquée cette Conférence est le 5 décembre 1891.

POSITIONS

DROIT ROMAIN

I. — Le consentement des parties ne suffit pas à la formation du mariage ; il faut qu'il y ait encore *déductio* de la femme *in domum mariti*.

II. — Le père et le mari peuvent accuser sans encourir le péril de la calomnie.

III. — En règle générale l'infidélité de la concubine n'était pas punie par la loi Julia.

IV. — Le *nudum pactum* engendre une obligation naturelle.

V. — Il n'existe que deux espèces de faute : la *culpa lata* et la *culpa levis*.

VI. — C'est la nature du fonds dominant qui détermine si une servitude est rurale ou urbaine.

DROIT CIVIL

I. — Le décret de 1852 assimile le droit de traduction au droit de reproduction.

II. — Le décret de 1852 ne protège pas les œuvres musicales on dramatiques étrangères.

III. — La séparation de biens qui résulte de la séparation de corps ne remonte pas quant à ses effets au jour du mariage.

IV. — La femme commune en biens peut revendiquer son immeuble vendu par le mari, même si elle accepte la communauté et elle n'est tenue en ce cas que de rembourser à l'acheteur la moitié du prix qu'il a versé.

V. — La nullité de l'hypothèque constituée sur la chose d'autrui subsiste, alors même que le constituant est devenu ensuite propriétaire de l'immeuble hypothéqué.

VI.— Le destinataire a la propriété des lettres à lui adressées, mais avec certaines restrictions quant au droit de publication.

DROIT INTERNATIONAL

Deux époux habitant en pays étranger ne pourront demander le divorce dans ce pays que si leurs lois personnelles et les lois de ce pays sont d'accord pour le leur permettre.

DROIT CONSTITUTIONNEL

I. — Deux Chambres sont nécessaires pour le bon fonctionnement du régime parlementaire.

II. — L'Assemblée nationale a le pouvoir constituant dans toute sa plénitude, et n'est pas tenue de limiter la révision à la formule votée par les deux Chambres.

DROIT CRIMINEL

Le jour de l'infraction ne doit pas être compté dans le délai de la prescription de l'action publique.

Vu par le président de l'acte public,
Nancy, 8 décembre 1889,
R. BLONDEL.

Vu et permis d'imprimer,   *Vu par le doyen.*
Nancy, 9 décembre 1889.   Nancy. 9 décembre 1889.
Le recteur,   E. LEDERLIN.
E. MOURIN.

Nancy. imprimerie René VAGNER, 3, rue du Manège.

TABLE DES MATIÈRES

DROIT FRANÇAIS

—

LA PROPRIÉTÉ LITTÉRAIRE

—